O FFYRGI i FFARO

Stori Bryan yr Organ

BRYAN JONES
gyda
TERWYN DAVIES

Gomer

Cyhoeddwyd yn 2015 gan
Wasg Gomer, Llandysul, Ceredigion SA44 4JL

ISBN 978 1 78562 061 4

Cyhoeddwyd gyda chymorth ariannol
Cyngor Llyfrau Cymru.

Argraffwyd a rhwymwyd yng Nghymru gan
Wasg Gomer, Llandysul, Ceredigion SA44 4JL
www.gomer.co.uk

Er cof am fy
Mam a 'Nhad, Diana ac Evan Jones,
a diolch arbennig am y fagwraeth arbennig
ges i yng nghefn gwlad.

Dwi'n cyflwyno'r llyfr hwn hefyd i'm gwraig
Ceinwen, a'n plant – Iona, Owain, Eben a Lisa,
a'r wyrion a'r wyresau –
William, Ella, Lydia, Ianto ac Abraham.

Hoffwn i ddiolch i'r canlynol am bob
help wrth gael y llyfr hwn i brint:

Terwyn Davies, Caerfyrddin
Owain Jones, Tregaron
Mary B. Morgan, Llanrhystud
Nancy Jones, Llannon
Alun Jenkins, Pontarfynach
Staff Theatr Felin-fach, Dyffryn Aeron

Cynnwys

Rhagair

Fues i erioed yn un am ddarllen llawer o lyfre a dwi wedi gofyn
yn amal beth y mae rhywun yn geisio ei gael o'r profiad? Ai
arweiniad, ysbrydoliaeth, neu ddysgu rhywbeth am yr awdur,
falle? A bod yn onest gyda chi, fe allen i gyfri ar un llaw faint o
lyfre dwi wedi'u darllen ac yn bendant dwi erioed wedi darllen
yr un llyfr ffuglen! Ond fe fydda i'n 'i gweld hi'n ddiddorol
darllen llyfrau sy'n ymwneud ag organs, wrth gwrs – llyfrau
hanes cyfansoddwyr, geiriaduron a mapie ac ati.

Felly, braint ac anrhydedd mawr i fi oedd cael fy ngwahodd
i sgwennu llyfr – fy hunangofiant – gan un o gyhoeddwyr
enwoca Cymru. Pan ofynnodd Elinor Wyn Reynolds, golygydd
y gyfrol 'ma, i fi sgwennu llyfr, fe wnes i gytuno, ar ôl meddwl
ychydig am y peth. Wrth fynd ati i sgwennu, fe benderfynes i
mai'r peth gore efo'r gyfrol fydde dechre yn y dechre, a mynd
trwy daith fy mywyd i a sgwennu lawr gymaint ag o'n i'n 'i
gofio gydag ambell stori fach ddifyr fan hyn a fan draw. Hefyd,
fe gododd y cwestiwn pa fath o iaith fydden i'n ei defnyddio,
a'r awgrym ges i gan lawer oedd, yr iaith lafar ro'n i'n ei
siarad bob dydd, ond dwi'n credu mai arddull hanner ffordd
rhwng tafodiaith a gramadeg safonol sy gen i yn y gyfrol
hon. A dweud y gwir, mae'n well gen i sgwennu na siarad yn
gyhoeddus, felly roedd hyn yn rheswm arall dros roi'r cyfan
rhwng dou glawr. Dwi wir yn gobeithio y daw'r llyfr hwn
ag ambell wên i'ch wynebau chi, ac eglurhad hefyd am rai

agweddau o 'mywyd i. Nid canu clodydd fy hunan dwi am 'i neud yn y llyfr 'ma, ond yn hytrach, datgelu'r ffeithiau, ac mae digon o'r rheiny!

Mae 'na dri pheth sy wedi digwydd i fi yn fy mywyd y gallen i fod wedi neud y tro hebddyn nhw. Ond wedi dweud hynny, fe allai pethe fod wedi bod lot yn waeth. Yn gynta, fe ges i fy mabwysiadu, er y trodd hwnnw mas i fod yn beth da, yn sicr. Yn ail, dwi wedi newid job sawl gwaith ar hyd fy oes. Ac yn drydydd, dwi wedi newid cartre sawl gwaith hefyd. Ond mae'r cwbwl wedi bod yn brofiad gwerthfawr serch hynny, a does gen i ddim lle i achwyn.

Odw, dwi'n ddigon hapus a bodlon fy mod i wedi cael fy magu yng nghanolbarth Ceredigion, gyda'i glannau, bryniau, a'i choedydd; a'r teulu dwi'n perthyn iddo nawr, a'r bobol dwi wedi dod i'w nabod drwy'r blynyddoedd. Na, 'sdim eisiau lle gwell na hwn i fyw, i weithio a hamddena. Allen i *fyth* a byw mewn tre neu ddinas, a Duw a ŵyr shwt fydden i wedi troi mas pe bydde hynny wedi digwydd.

Felly, fel hedyn wedi cael ei chwythu'n bell o'i gynefin, dwi am gyflwyno'r llyfr hwn, flynyddoedd yn ddiweddarach, fel diolch i'm rhieni, oddi wrth y ffrwyth bach a dyfodd yn llwyddiannus yn eu gofal, sef yr amaethwr a'i briod, Evan a Diana Jones, gynt o Brynyrychain, a Thegfryn (Spite), Llanddeiniol, sir Aberteifi, fel yr oedd e yr amser hynny. Diolch, Mam a Dad.

Bryan Jones
Felin-fach

Yn y dechreuad

Fy enw yw Bryan – Bryan yr Organ i rai – fel y gwelwch chi o
deitl y llyfr yma; Ffyrgi i eraill, ac erbyn hyn, Ffaro i rai hefyd,
siŵr o fod. Ond Bryan ydw i, a Bryan gydag 'y', cofiwch.
Fe fydda i'n cael tipyn o drafferth yn amal gyda phobol yn
camsillafu fy enw, yn defnyddio 'i' yn lle 'y', ac fe fydda i'n
cywiro'r ffaith hon bob tro. Fe edryches i weld beth oedd ystyr
neu'r disgrifiad gore o'r enw 'Bryan', a dyma beth ffindes i:
'From a Celtic word "brigh", meaning "strong" or "power".
Disciplined and dedicated. Warm-hearted, loving and lovable.
He is great fun to be around. A man of action!' A dyna ni, fe
gewch chi farnu a yw hynna i gyd yn wir amdana i!

Ces i 'ngeni ar 8 Mawrth 1950, ond nid fel Bryan Jones,
cofiwch – 'Robert Williams' sydd ar fy nhystysgrif geni
cyntaf. Pan o'n i'n ddeg oed, ces i wbod gan Mam fy mod i
wedi cael fy mabwysiadu. Tybed a y'ch chi wedi cael yr un
profiad â fi? Falle'ch bod chi wedi cael eich mabwysiadu, neu
wedi darganfod eich bod chi'n blentyn siawns, fel maen nhw'n
dweud? Ambell waith, y peth mwya od am sefyllfa pobol sydd
wedi'u mabwysiadu yw bod pobol eraill yn gwbod mwy o'ch
hanes chi na chi'ch hunan. Fe ddigwyddodd hynny i fi fwy
nag unwaith – pobol yn dweud pethe amdana i a fydden i'n
methu ateb eu 'cyhuddiade' nhw am nad o'n i'n gwbod am
beth roedden nhw'n sôn. Oedd, mi roedd 'na ambell gic gas
yn dod gan rai, ac oherwydd hynny, fe fydden i'n digio 'da'r

bobol hynny, ac yn eu casáu nhw. Bydden nhw'n dweud pethe fel, 'Sais o't ti, yntefe?' neu 'Sioni o't ti!' a finne ddim tamed callach beth ro'n nhw'n trial 'i awgrymu. Dwi'n cofio ffrind agos i 'Nhad, ffrind mawr iddo fe, yn troi'n slei ata i, gan weud, 'Hen Sais wyt ti!' A finne wedyn yn methu deall yn lân beth oedd e'n 'i feddwl. Erbyn nawr, wrth gwrs, fe fydden i'n gallu egluro'r ffeithiau'n iawn iddo fe. Ond pam fydde pobol yn dweud shwt beth wrth grwt bach? Nid 'y mai i oedd yr hyn ddigwyddodd i fi, nage?

Mae ambell berson sydd wedi cael ei fabwysiadu yn gallu synhwyro, medden nhw, eu bod nhw wedi'u mabwysiadu. Ond ddim fi. Doedd 'da fi ddim syniad o gwbwl tan i Mam weud wrtha i. Doedd 'da fi ddim achos i amau, achos ro'n nhw'n rhieni bendigedig, a finne wedi cael magwraeth arbennig o dda. Dyna'r rheswm hefyd, dwi'n meddwl, dderbynies i'r newyddion gystal ag y gwnes i. Dwi'n siŵr y bydde rhai plant wedi'i chael hi'n anodd i glywed newyddion felly. Ond ro'n i wedi cael magwraeth mor hapus, fe wnes i gymryd e'n syndod o dda. Ces i wbod ganddi mai o Gasnewydd ro'n i'n dod yn wreiddiol ac mai morwr oedd fy nhad biolegol. A dyna fe. Er bod y cyfan yn dal i fudferwi yng nghefn fy meddwl i, wnes i ddim byd pellach ynglŷn â'r 'teulu arall' oedd gen i tan flynyddoedd ar ôl i mi golli 'Nhad a fy Mam, a hynny er parch iddyn nhw, yntê.

Felly, fe es ati gyda chymorth fy nheulu i drio cael gafael ar fy nheulu biolegol, y teulu arall oedd gen i yn ardal Casnewydd. Nid er mwyn elw ariannol y gwnes i hyn, cofiwch. Y nod penna oedd cael cwrdd â rhai o'r perthnasau, a darganfod mwy am fy hanes i, gwbod beth oedd 'y ngwreiddie i, o ble ro'n i'n dod – rhywbeth sy mor bwysig i ni'r Cymry, yntê? Cafodd y trefniadau eu wneud yn swyddogol drwy'r awdurdodau ac roedd y broses yn un gymhleth, a buodd ychydig o lythyru ymlaen llaw â'r teulu cyn unrhyw sôn am gwrdd.

Roedd e'n rhyw fath o broses fel ry'ch chi'n 'i gweld ar y rhaglen deledu, *Long Lost Family* ar ITV ond heb unrhyw fath o adnodde cyfrifiadurol – doedd y we ddim ar gael bryd 'ny. Roedd yn rhaid dibynnu ar gymorth y gwasanaethau cymdeithasol i fynd ar ôl y manylion.

Dwi'n cofio cael fy ngalw i mewn i swyddfa'r sir yn Aberystwyth a'r fenyw fach yn cadarnhau'r manylion i gyd, a'u bod wedi dod o hyd i fy nheulu biolegol. Ro'n nhw'n dal i fod yng Nghasnewydd!

Doedd 'da fi ddim syniad o gwbwl beth oedd y cefndir y tu ôl i'r penderfyniad i fy rhoi i bant i gael fy mabwysiadu tan i fi gwrdd â fy mam fiolegol am y tro cynta. Ond dyma'r ffeithiau fel dwi'n eu deall. Yng Nghasnewydd ges i 'ngeni, yr ochr Gymraeg i'r afon, diolch i'r nefoedd, a hynny yn yr Elizabeth Rutter Maternity Home. Yr enw ges i ar fy nhystysgrif geni oedd Robert Williams, ac enw fy mam oedd Madeline Mercia Williams, Harrison cyn priodi. Roedd hi'n dod yn wreiddiol o Gaerfaddon, neu Bath, yng Ngwlad yr Haf ond wedi ymgartrefu yng Nghasnewydd erbyn i fi gael fy ngeni. Ar ôl dod o hyd i Madeline am y tro cynta, fe fuodd llythyru a sgyrsie ffôn rhyngddon ni cyn cwrdd wyneb yn wyneb. Felly, oherwydd yr holl sgyrsie ro'n ni wedi'u cael eisoes, ro'n i'n eitha cŵl wrth fynd i Gasnewydd am y tro cynta i gwrdd â'r teulu newydd yma. Ond er hyn, do'n i a 'nheulu biolegol ddim yn siŵr beth i'w ddisgwyl, ac o leia ro'n ni i gyd yn yr un cwch yn hynny o beth.

Y peth pwysicaf i mi wrth ddarganfod fy ngwreiddiau oedd deall pwy arall oedd â doniau a thalentau tebyg i'r rhai oedd gen i, heblaw pethe fel tebygrwydd pryd a gwedd a chymeriad. Hefyd, wrth gwrs, doedd yr un ohonyn nhw'n deall yr *un* gair

o Gymraeg! Yn ein sgwrs gynta ni 'da'n gilydd, un o'r pethe
cynta wedodd Madeline wrtha i oedd, 'I was waiting for that
knock on the door some day.' 'Na ryfedd yntê, roedd rhwbeth
wedi dweud wrthi y bydden i'n galw arni, felly dwi'n meddwl
ei bod hi'n eitha balch 'mod i wedi ymdrechu i gysylltu. Y
diwrnod hwnnw y ces i wbod beth yn gwmws oedd fy hanes i.
Roedd Madeline yn briod â thri o blant, a'i gŵr yn gweithio
dramor dipyn, yn Arabia neu rwle fel 'na, dwi'n meddwl. Ta
beth, tra'i fod e dramor am beth amser, fe gafodd hi berthynas
gyda dyn arall a naw mis yn ddiweddarach, fe ddes i o rywle. A
phan ddaeth ei gŵr 'nôl o'i deithio wedyn, a ffindo mas fod 'na
fabi ar y ffordd, doedd e ddim yn fodlon, yn naturiol, felly, fe
roddodd e ddewis i Madeline: 'It's either me or the baby.' Wrth
gwrs, fe ges i gic owt. A diolch i'r nefoedd am hynny. Nawr, fe
fydde gan rai pobol ddrwgdeimlad at eu mamau biolegol, siŵr
o fod, o glywed pam y cawson nhw eu mabwysiadu yn y lle
cynta. Ond dim fi. A dweud y gwir, doedd ganddi ddim dewis,
a dwi'n deall hynny. I fi, dyna'r penderfyniad gore wnaeth hi,
achos fydden i ddim y person ydw i heddi oni bai am y ffaith i
Madeline fy rhoi i i gael fy mabwysiadu. Yn sicr, fydden i ddim
yn siarad Cymraeg heblaw am y fagwraeth arbennig ges i yng
nghefn gwlad Ceredigion gan fy rhieni mabwysiedig.

Yn anffodus, mae Madeline wedi'n gadael ni bellach, ond
mae 'na aelodau o'r teulu'n dal i fyw yn ardal Casnewydd o
hyd. Mae gen i un hanner brawd, Michael, sy'n hoff iawn o
fiwsig, offerynnau a gajets di-ri. Gitâr yw ei offeryn e, ac mae'n
joio mynd mewn i berfedd unrhyw beth i drial 'i drwsio fe a'i
adnewyddu. Mae gen i ddwy hanner chwaer hefyd – Shirley
a Heather. Mae un ohonyn nhw'n hoff iawn o geir posh a
charafannau, ac yn byw'n foethus, a'r llall wedyn yn byw

bywyd llawer mwy syml. Doedd fy hanner brawd a fy hanner
chwaer ieuenga ddim yn gwbod dim am fy modolaeth i tan i fi
ddechre neud fy ymholiade drwy'r gwasanaethau cymdeithasol.
Felly mae'n siŵr i'r newydd ddod yn fwy o sioc iddyn nhw
nag i fi. Ond roedd fy hanner chwaer hynaf yn gwbod am fy
modolaeth. Roedd hi'n ddwy ar bymtheg oed pan ges i 'ngeni,
ac un o'r pethe cynta ddwedodd hi wrtha i pan gwrddes i â hi
oedd, 'I changed your nappy for you a few times.'

'Oh, thank you very much,' medde fi 'nôl wrthi. Felly'n
amlwg roedd hi'n gwbod tipyn o'r hyn oedd wedi digwydd i fi,
fwy na thebyg am ei bod hi'n dipyn hŷn na'r lleill.

Roedd fy mam-gu fiolegol, Marie West, wedi'i geni a'i
magu yn yr Almaen. Credwch neu beidio, mae sôn bod y teulu
yn chware offerynnau ar strydoedd Frankfurt flynyddoedd
yn ôl! 'Sdim rhyfedd 'mod i'n hoffi miwsig polkas o wledydd
Ewrop, felly. Roedd fy nhad-cu, sef tad fy mam, Albert Edward
Harrison, yn un o efeilliaid, ac yn neud *marquetry*. Mae'n
debyg hefyd mai fe gerfiodd y paneli coed sydd i'w gweld y
tu fewn i long y *Queen Mary*. Fe fuodd aelod arall o'r teulu
hwnnw wedyn yn dylunio papur punt Banc Lloegr yn 1956,
gyda'r llofnod 'O'Brien' arno, Harrison oedd ei gyfenw fe,
hefyd. Felly dwi'n gwbod nawr o ble ces i rai o'r doniau sy
gen i. Mae'n dda gen i gael gwbod rhywfaint o'r hanes. Dwi
ddim yn gwbod pa fath o ddyn fydden i pe bawn i wedi cael
fy nghodi yng Nghasnewydd, cofiwch. Tipyn o rebel, falle, o
ystyried fy natur ddrygionus i, ac mi fydden i wedi cymysgu
efo'r crowd rong siŵr o fod. 'Sgwn i a fydden i'n briod ac y
bydde gyda fi blant? Dwi ddim yn siŵr, dwi'n meddwl am y
llwybr gwahanol y gallai 'mywyd i fod wedi'i ddilyn yn amal,
ond 'sdim lot o bwynt neud hynny, oes e?

Mae 'na bedwar o efeilliaid yn nheulu ochr fy mam fiolegol,
er does dim yn fy nheulu i … eto! Dwi'n dal i aros. Ry'n ni
aelodau'r teulu'n dal i gysylltu â'n gilydd weithie, ond ddim yn
amal iawn. Erbyn hyn, mae rhagor o dylwyth wedi cael gafael
arna i ac am wbod yr hanes. Dwi'n fachan lwcus iawn, mae gen
i ddou deulu.

'Sdim amheuaeth gen i fod llawer i fam wedi gorfod neud
penderfyniad anodd iawn wrth wared plentyn, a hynny heb
ddewis, a dyna'n union beth ddigwyddodd i fi. Ond chware teg
i'r ddwy chwaer a'r brawd, pan fu fy mam, Madeleine, farw, fe
wnaethon nhw fy nghynnwys i yn yr hysbysiad marwolaeth, y
death notice, yn y papur newydd:

Dear mother of Shirley, Heather, Michael and Bryan.

A dyna i chi beth oedd llwyr dderbyniad yn fy marn i. Os ges i
gic owt yn 1950, wel, fe ges i wahoddiad 'nol mewn, ac fe fues
i yn ei hangladd yn 1999. Do, fe ddaeth y cylch yn gyfan ac
ro'n i mor falch o gael dod i nabod Madeline a chael atebion i
'nghwestiyne i tra'i bod hi'n fyw.

Brynyrychain

Felly, â finne'n bythefnos oed, fe gyrhaeddes i Brynyrychain
ger pentre Llanfarian. Mae Llanfarian ar yr A487, rhwng tre
Aberystwyth i'r gogledd, a phentre Llanrhystud i'r de. Ond nid
dim ond cartre newydd ges i ar ôl cyrraedd yno, fe ges i enw
newydd hefyd – Bryan – fel y'ch chi'n gwbod. Dwi'n cofio
clywed stori pan o'n i'n blentyn fod Emrys o Gwrt-y-cwm,
Chancery, wedi dweud, 'Ma babi newydd ym Mrynyrychain,
a dyw e'n neud dim byd ond sgrechen drwy'r dydd!' Sai'n siŵr
a oedd hynny'n wir, ond 'Nhad a Mam oedd Evan a Diana
Jones o hyn ymlaen, ac ro'n i am fod yn fab fferm, yn byw
yng nghefn gwlad Ceredigion, ymhell o oleuadau llachar dinas
Casnewydd.

Roedd Brynyrychain yn fferm tua 130 cyfer, ac ar y fferm
ro'n ni'n cadw da godro, defaid, moch ac ieir – a chŵn a
chathod, wrth gwrs. 'Sdim rhyfedd felly bo fi'n hoffi anifeiliaid.
Y cof cynta sy 'da fi o fywyd ar y fferm yw chware â'r ci defaid
hyfryd oedd 'da fy rhieni. Frank oedd ei enw, ac fe ddaeth e a
fi'n ffrindie mawr. Fe oedd yr anifail anwes cynta ges i erioed.
Anghofia i fyth ohono fe. Roedd e'n mynd 'da fi i bobman.
Cofiwch, doedd dim lot o siâp gweithio arno fe, ond roedd e'n
gwmni da ac yn ffrind triw i fi'r adeg honno. Fe wna i sôn mwy
am yr hen Frank nes ymlaen. Cof arall sydd gen i yw dihuno
yng nghanol y nos ambell waith â phoene yn fy mola pan o'n i'n
blentyn, a Mam yn dod draw ata i i gynnig cysur a chael mynd

wedyn i gysgu i'w gwely nhw. Doedd dim ffordd well o gael
gwared ar fola tost! Ddwedes i bod teulu cariadus gen i.

Tŷ ffer oedd Brynyrychain, tŷ â siâp od, ac wedi'i
wyngalchu'n llwyr. Roedd y tŷ'n sefyll ar graig uwchben y
ffald, a bydde modd gweld holl adeilade'r fferm o ffenest fach y
gegin gefn, ac roedd y llawr wedi'i osod efo slabie cerrig mawr
... oer! Yr ochr draw i'r tŷ, roedd 'na adeilad arall ar batrwm
tŷ hir, ond doedd neb yn byw yn y fan honno. Tu blaen i'r lle
hwn, roedd gwely cobls, a bydde Mam yn arfer eu chwynnu'n
amal. Bydde'n rhaid i ni gerdded pellter i gyrraedd y tŷ bach a
oedd ar ben y nant ym mhen pella'r berllan. 'Sdim rhyfedd fod
bola tost gen i y pryd hynny, achos do'n i ddim yn mynd yno'n
ddigon amal am ei fod e mor bell! Yr unig wres yn y tŷ oedd o'r
hen le tân, gyda ffwrn wal ar yr un ochr, a sgiw ar yr ochr arall.

Roedd 'na ddrws ar waelod y stâr yn arwain i un stafell
fawr ar y llofft, ac o fan'na, roedd pum drws arall yn arwain i'r
ystafelloedd gwely. Mae'n rhyfedd shwt y'ch chi'n cofio ambell
stori o'ch plentyndod, on'd yw hi? Un noson, wrth i fi gysgu,
fe ddeffres i'n sydyn. Eisiau pisho yn y poti a oedd o dan y
gwely ro'n i, ond yn y tywyllwch, roedd rhywun yn pwyso yn
erbyn ochr y gwely yn edrych arna i. Roedd yn debyg iawn i
leian gyda phen-wisg du, ond ro'n i'n methu gweld yr wyneb yn
iawn. A finne'n crynu fel deilen erbyn hyn, fe droies i rownd
i wynebu'r wal, ac fe es i 'nôl i gysgu. 'Sdim dowt gen i mai
ysbryd oedd hon neu hwn, ond pwy oedd y person yma oedd
yn fy ngwarchod? Dwn i ddim. Yn ôl be dwi'n 'i ddeall, dy'n ni
ddim yn gallu adnabod wynebau ysbrydion. Erbyn y bore wrth
gwrs, doedd dim byd yno. A weles i mohono fyth wedyn.

Maen nhw'n dweud bod rhai pobol yn cyfri defaid i'w helpu
nhw i fynd i gysgu gyda'r nos – ond nid fi. Cyfri corynnod o'n

i'n neud, achos roedd digon ohonyn nhw'n cerdded ar hyd y wal bob nos. 'Sdim rhyfedd nad oes ofan corynnod arna i o gwbwl erbyn heddi; a dweud y gwir, dwi wedi dod i'w hoffi nhw'n fawr iawn!

Y cymdogion a'r ffrindie agos cynta rwy'n eu cofio oedd Jim a Mary James, Penrhiw-goch. Ro'n nhw'n byw lled cae wrthon ni. Hefyd roedd Dai a Winnie Jones, Pen-y-bwlch, Rhydyfelin, yn ffrindie agos iawn i'm rhieni.

Roedd 'na sawl teulu o ffrindie i gyd: y Jonesiaid o Dyn-y-fron; Dai a Jean, Aberllolwyn; y Lewisiaid o Gwrt-y-cwm; Wncwl Ffred, Fron-haul (oedd yn dad bedydd i fi); teulu Matthews, Cwmcoedwig; Emrys Roberts, Chancery; Garrod a Malan, Cwmcoedwig.

Fe fuodd llawer o'r ffrindie 'ma'n ein helpu ni fel teulu amser gwair a llafur, a diwrnod dyrnu, gyda Huw Williams, Maes-gwyn, fferm sydd ar y ffordd rhwng Llanddeiniol ac Aber-mad, wrth y peiriannau. Yn anffodus, 'sdim lluniau ar gael gen i o'r gweithgareddau a'r cynaeafu; doedd dim llawer o bobol â chamerâu bryd hynny, a beth bynnag, roedd pawb yn rhy fisi wrth eu gwaith.

Roedd 'Nhad, Evan, yn dod yn wreiddiol o fferm Pen-wern, New Cross. Fe adawodd Ysgol Ramadeg Ardwyn, Aberystwyth, yn dair ar ddeg oed, yn ystod streic yr athrawon, a dechreuodd weithio ar fferm ei rieni. Yn 1930, fe symudodd y teulu i Gilfachau, Llanddeiniol. Ymunodd â'r Llu Awyr (yr RAF) yn ystod yr Ail Ryfel Byd fel *security officer*, ac fe fuodd e'n gwasanaethu yn India rhwng 1941–1946. Fe fuodd e yn y Dwyrain Pell hefyd, gan wasanaethu o dan Iarll Mountbatten. Yna, ar ôl dychwelyd o'r rhyfel, fe briododd â Mam, ac ymgartrefu ym Mrynyrychain, Llanfarian yn 1947.

Roedd Dadi yn weithiwr caled, diflino ac roedd pawb arall

yn gorfod neud yr un peth, yn ei dŷb e. Doedd dim amser i
gael hoe, dim ond ar gyfer amser bwyd, wrth gwrs. Roedd hi
wastad yn fisi ar y fferm, a'r gymuned gyfan yn dod at ei gilydd
i helpu efo'r gwaith. Un tro, ro'n i ar ben llwyth o wair gyda
Jim Penrhiw-goch – roedd hwnnw'n dipyn o dderyn ac roedd
ganddo fe chwerthiniad drwg iawn, ond roedd e'n fachan ffein,
serch hynny. Fe ddechreuodd e ddysgu ryw bennill amheus i
fi. Fel pob plentyn tebyg i fi yn y sefyllfa 'na, ro'n i'n fwy na
bodlon i ddysgu'r pennill a bydden inne wedyn, fel parot, yn ei
ailadrodd wrth bwy bynnag fydde'n fodlon gwrando. Dro arall,
fe orfododd e i fi smoco pibell degan oedd gen i nes i fi dagu'n
ddiddiwedd, a'r pethe 'ma'n cario 'mlaen heb i 'Nhad wbod
dim! Roedd 'Nhad hefyd yn foi clefer iawn efo'i ddwylo, yn
codi siedie, dyfeisio teclynne ac yn trwsio sawl peth o amgylch
y fferm. Roedd ganddo fe ddau dractor, Ffyrgi fach ac MF35, a
chyn hynny, hen Fordson Major melyn. Roedd ganddo fe nifer
fawr o beiriannau eraill hefyd hyd yn oed bêlar Welger gwyrdd.
Bydde'r cwbwl yn cael ei gadw'n deidi o dan do, doedd dim
byd yn gorwedd tu allan yn y cae, fel bydde rhai ffermwyr yn
ei neud. Roedd e'n ddyn oedd yn lico edrych ar ôl yr hyn roedd
e'n berchen arno fe.

Fe fuodd 'Nhad hefyd yn helpu perthnasau a ffrindie, yn
canlyn ei ddiddordebau gwledig, ac fe ddaeth e'n feirniad da
mewn sioeau a threialon cŵn defaid, ac mewn ymrysonau
aredig hefyd. Bu'n gwasanaethu'n hir ar Gyngor Dosbarth
Gwledig Aberystwyth, yr RDC, a fe oedd cadeirydd olaf y
cyngor. Roedd 'Nhad hefyd yn meddwl y byd o'r eglwys yn
Llanddeiniol. Gymaint oedd 'i feddwl e o'r lle nes iddo fod yn
warden arni am dros ugain mlynedd. Fe fuodd ei deyrngarwch
a'i ffyddlondeb i'r eglwys yn anghyffredin.

Er ei fod e'n weithiwr caled iawn, doedd 'Nhad *byth* yn gweithio ar y Sul, dim ond godro. Oedd, roedd e'n fachan strict iawn, ond doedd e ddim yn gas chwaith, a wnaeth e erioed 'y mwrw i. Dim ond un edrychiad oedd 'i angen i ddychryn unrhyw grwt bach, ond a bod yn onest, bachgen Mam o'n i yn y bôn. Hi oedd yn mynd â fi i wahanol lefydd gan amlaf, fe fydden ni yn mynd ambell waith i ymweld â chymdogion a pherthnasau ar ddiwedd y dydd ac yn edrych ymlaen at hynny bob amser.

Un fydden ni'n ymweld â hi'n amal oedd Nana Bwff, fel ro'n 'i galw hi. Mrs Jones oedd ei henw go iawn, ac roedd hi'n byw yn Hendryd Villa, Penparcau, Aberystwyth. Ond Nana Bwff oedd hi i fi erioed. Nana Bwff oedd wedi bod yn gofalu ar ôl Mam pan fuodd hi'n lojo un tro yn Ardgrange, Llanddeiniol, ac roedd y ddwy wedi cadw mewn cysylltiad byth oddi ar hynny. Dwi'n cofio mynd draw 'na'n eitha amal i'w gweld hi a'i gŵr ym Mhenparcau. Ro'n nhw'n byw yr ochr ucha i'r lein reilffordd ac roedd y trên stêm i'w glywed yn amal o'r tŷ gyda sŵn hyfryd y 'bwff-bwff' i'w glywed yn y pellter. Felly, dyna o ble ddaeth y 'bwff' yn Nana Bwff. Fe fydden i'n joio mynd draw 'na. A dweud y gwir, mae'i chadair hi dal 'da ni – neu cadair 'i gŵr, a bod yn hollol gywir. Dwi'n cofio'i weld e'n eistedd ynddi bob tro fydden ni'n mynd 'na, ac mae'r atgofion yn llifo'n ôl pan fydda i'n edrych ar yr hen gadair.

Fel unig blentyn, yn byw ar fferm, roedd yn rhaid i fi ddiddori'n hunan yn amal iawn, ac un o'r pethe fydden i'n hoff iawn o'i neud fydde mynd am dro. Ar ddiwedd un prynhawn, tua amser godro dwi'n credu, fe es i am dro i lawr y lôn a oedd yn arwain am Chancery ac i mewn i'r cae a oedd gyferbyn â banc Troedrhiw. Lawr o dan y cae, roedd y ffordd fawr a'r *monument.* Ond ar ôl mynd trwy'r gât, fe es i'n sownd mewn mwd trwchus yn fy welintons ac fe ddechreues i weiddi am help a hithe'n nosi'n gyflym. Pwy ddaeth i'n helpu i oedd Ann Jane Lewis, Brodawel – ie, yr holl ffordd o'r gwaelod ger y *monument.* Fe aeth â fi adre'n saff ar ei chefn. Meddyliwch. Dwi wedi diolch iddi ers hynny, cofiwch, flynyddoedd yn ddiweddarach.

Un o Gaerdydd oedd Mam, Diana Pugh, yn wreiddiol – o deulu gwbwl Gymraeg. Roedd ei thad, David, yn gweithio yn y docie yng Nghaerdydd, a'i mam, Jane, oedd yn Gardi, yn gweithio fel *wardress* yn y carchar yng Nghaerdydd. Yn anffodus, fe fu Jane farw pan oedd Mam yn eitha ifanc, a rhywffordd neu'i gilydd yn eitha clou ar ôl hynny, fe symudodd y teulu i Geredigion, ac i ardal Llangeitho. Athrawes ysgol gynradd oedd Mam cyn priodi. Graddiodd mewn Cymraeg ac Addysg Grefyddol yng Ngholeg Saint Mary's, Bangor, ac fe fuod hi'n dysgu yn ysgolion Elerch ym Mhont-goch, Llanddeiniol, ac yna ym Mrynherbert lle fuodd hi tan ei hymddeoliad ar ddiwedd 1967. Fe ges i'r fraint fawr o chware'r acordion yn ei chyngerdd deyrnged. Yn wir, fe gyfansoddwyd cerdd iddi gan Mary Blodwen Morgan, Ty-newydd, Rhiwbwys, Llanrhystud:

> Ffarwelio rydym heddiw
> Â hoff athrawes gu,
> Fu yma am flynyddoedd
> Yn gweini arnom ni.
>
> Un dawel, amyneddgar
> Oedd Mrs Jones, bid siŵr.
> Yn denu'r plant i ddysgu
> Heb gadw unrhyw stŵr.

Doedd eisiau i ni ofni
Y caem ni unrhyw gam.
Roedd gweled gwên ei hwyneb
Fel gweled wyneb mam.

Lle gwag fydd yn Brynherbert
Yn *nineteen sixty eight*;
Ddaw Mrs Jones ddim rhagor
I'n dysgu ni drwy'r *gate.*

A Thegfryn, a'i deg heulwen
Fu'n egwyl hapus iawn,
Ac amser i'n cyfeilles
Ddatguddio amryw ddawn.

Bendithied Duw ei llafur –
Caiff wobr am ei gwaith.
Fe ddysgodd lawer plentyn
Yn ieuanc ar ei daith.

Boed iechyd a hapusrwydd,
Yn eiddo i chwi'ch dau,
A daw bendithion bywyd
I'ch meddiant heb ddim trai.

Hir oes yn llawn pleserau
Yw ein dymuniad ni,
A Duw a daeno'i adain
Yn wastad drosoch chwi.

Pan fydden i'n mynd ar wylie yn y chwedegau cynnar, i
Fwlchyradar at Anti Beti ac Wncwl Dei yn Nhrisant, fydden
i'n mynd am ryw wythnos, a chael chware wedyn efo plant
Cledwyn a Gloria Evans, oedd yn perthyn i Wncwl Dei, sef
Crwys ac Aled. Mi ro'n nhw'n byw yn Waun-yr-adar, ac yna
yn Rhydypererinion. Roedd ardal Trisant fel byd arall yr adeg
honno – doedd dim trydan yn nhŷ Anti Beti. Lampau olew
oedd 'da nhw a hen Ford Popular oedd car Wncwl Dei, roedd
Dei yn weinidog yr efengyl. Ond fe fydden i'n mwynhau'r
dyddie hir o wylie wrth reido beics, go-carts a cherdded lonydd
culion yr ardal efo'r bois. Dyddie da, dyddie diniwed.

Lle arall fydden i'n mynd ar wylie bydde i Fferm Garthenor,
ger Llangybi, ychydig o filltiroedd y tu allan i Lanbed.
Garthenor oedd cartre Anti Dei, oedd yn perthyn i Mam, a'i
gŵr Wncwl Dan Lloyd, ac Eleanor fy nghyfnither. Roedd Anti
Dei yn meddwl tipyn ohona i, ac fe fydde hi wastad yn fy
nghalw i'n 'Brei', ro'n i'n teimlo'n sbeshial iawn. Ond er mai
gwylie oedd hwn i fod i fi, roedd gan Wncwl Dan syniadau
eraill, sef helpu efo'r gwaith ar y fferm. Na, doedd dim llawer
o orffwys fan'na chwaith, ond roedd croeso cynnes yno wastad
a digon o fwyd ar y ford. Bydde un pryd o fwyd yn ymestyn i
ryw ddwy awr yn amal iawn, wrth i bawb sgwrsio efo'i gilydd.
Dyna braf yntê – digon o amser i fwyta a sgwrsio. Does dim
amser i lyncu'ch bwyd y dyddie 'ma am fod bywyd yn mynd ar
wib.

Yr unig le arall y bydden i'n mynd, ond gyda Mam y tro
hwnnw, fydde i gartre Wncwl Griff, Anti Hannah a Kenneth,
fy nghefnder. Ro'n nhw'n byw yng nghanol y dre yn High
Wycombe, tre fawr yn Swydd Buckingham, de-ddwyrain
Lloegr. Roedd y tŷ ar gornel stryd, ac yn agos iawn i'r orsaf

drên. Yn y nos, fydden i'n cael gwaith cysgu am fod trenau'n mynd heibio ac yn cadw sŵn ar y cledre. Roedd yn hollol wahanol i gysgu ar fferm mas yn y wlad, fel ro'n i wedi arfer neud. Na, doedd hwn, felly, ddim yn lle delfrydol i fi. Ond yn sgil hyn, fe fuon ni'n ymweld â llefydd hardd iawn ger afon Tafwys, a chastell Windsor. Gyda llaw, fydde 'Nhad *byth* yn dod efo ni; roedd yn well ganddo fe fynd gyda'i ffrindie i'r Treialon Cŵn Defaid Rhyngwladol, fydde'n cael eu cynnal bob blwyddyn. Pawb at y beth y bo, yntê.

Os mai'r treialon cŵn defaid oedd diddordeb mawr 'Nhad, roedd Mam yn ffond iawn o winio, gweu a neud gwaith *crochet.* Roedd gen i gyflenwad da o *pullovers* a chardigans am flynyddoedd! Roedd hi hefyd yn fenyw dduwiol iawn, ac roedd hi'n gwbod darnau helaeth o'r ysgrythur ar ei chof. Hi fydde'n mynd â fi ar y Sul i Eglwys Llanychaearn, pan o'n i'n byw ym Mrynyrychain ac yno, yn bendant, y clywais y peip organ yn cael ei chware am y tro cynta erioed. Hyd y dydd heddi yr organ yw'n hoff offeryn i. Y pryd hynny y dechreues i sylwi ar fiwsig am y tro cynta a 'nôl yn y pumdegau.

Yn 1959, bu'n rhaid i 'Nhad ymddeol o ffermio llawn amser, a hynny am fod *farmer's lung* arno. Llwch y gwair ar y fferm oedd achos yr afiechyd, ac nid achos ei fod e wedi bod yn smoco, achos doedd e ddim yn smoco. Fe gafodd e lawdriniaeth i drial gwella'r cyflwr yn Ysbyty Sili, Morgannwg, a'r peth cynta wnaeth y doctoried ar ôl y llawdriniaeth oedd rhoi ffag yn ei geg. Meddyliwch! Rhaid eu bod nhw'n meddwl ei fod yn helpu i'w wella. Fe wellodd yn y diwedd, ond fyddai'n rhaid i ni neud un newid mawr yn ein bywydau ni.

Bydde'n rhaid i 'Nhad roi'r gore i ffermio, roedd yn rhaid gwerthu Brynyrychain. Daeth hynny'n dipyn o sioc a siom i

grwt bach fel fi. Dwi'n cofio diwrnod y sêl yn iawn, diwrnod
trist iawn i ni'n tri fel teulu. Roedd yn brofiad hynod emosiynol.
Yn ystod y dyddie'n arwain at y sêl, roedd llawer iawn o waith
paratoi 'da ni i'w neud, cyn fydde pawb yn cyrraedd, ac roedd
gweld yr holl beiriannau a chyfarpar fferm yn cael eu gosod
yn eu lle yn barod ar gyfer yr ocsiwnïer yn brofiad rhyfedd
a theimladwy. Cyn bo hir, rhywun arall fydde'n berchen ar
yr holl beiriannau roedd 'Nhad wedi bod mor ofalus ohonyn
nhw ar hyd y blynyddodd, ac roedd hynny'n rhywbeth y bydde
plentyn fel fi'n 'i weld yn anodd i'w dderbyn. Fydde pobol yn
llusgo'r peiriannau mas i'r cae, a'u gadael nhw yno, yn barod
ar gyfer yr ocsiwnïer. Nid dyna shwt un oedd 'Nhad. Fe fuodd
'na beintio sawl peth yn y diwrnode'n arwain at yr ocsiwn, er
mwyn neud yn siŵr fod popeth yn edrych ar ei ore. Dim bod
llawer yn bod arnyn nhw cyn hynny, cofiwch.

Ar ddiwrnod y sêl, fe ddaeth cannoedd i gefnogi'r
digwyddiad, o be dwi'n 'i gofio. Fe werthwyd y peiriannau i
gyd, gan gynnwys y tractore ro'n i'n arfer 'u gweld yn cael eu
gyrru o gwmpas y fferm bob dydd. Gwerthwyd y Ferguson
T5 am £330 i fferm Pen-bwlch; y Ferguson 35 am £470 i fferm
Dolgwybedig a fferm Pencefen, Tregaron brynodd y bêlar
Welger am £280. Aeth y beinder Albion i fferm Pencwm-mawr
am £45, ac mae hwnnw'n dal i fod ar y fferm honno hyd heddi.
Roedd hi'n drist iawn gweld yr holl wartheg godro'n mynd
o'r fferm hefyd, achos roedd ganddyn nhw eu personoliaethau
a'u henwau eu hunain. Dwi'n cofio'r enwau o hyd, enwau pert
iawn: Babs, Evana, Jenny, Bess, Slot, Snowy, Susie, Rosa,
Susan, Tulip, Pansy, Janet, Gill, Jersey, Beauty, Sal, Blackie,
Ruby, Stormy, Gwenda, Rosebud, Ruth, Nan, Lucy, Clara,
Snowdrop, Marian, Muriel, Lassie, Capeli, Kit, Maureen a

Nancy. 'Na chi hyfryd, yntê. Yn wahanol iawn i heddi, dim ond rhifau digymeriad sy'n cael eu rhoi ar dda erbyn nawr. Gwerthwyd y cwbwl ar y fferm y diwrnod hwnnw, gyda chyfanswm o £4422.9.0d yn cael ei godi. Roedd yn rhyfedd iawn 'gwrando' ar y tawelwch ar hyd y ffarm yn y dyddiau a ddilynodd. A doedd bywyd ddim am fod yr un peth wedyn.

Ar ôl gadael Brynyrychain, fe symudon ni fel teulu i Degfryn, Llanddeiniol – tyddyn pedair cyfer. Yno, fe fuodd 'Nhad yn cadw dwy fuwch a dau lo er mwyn eu tewhau ar gyfer bîff. Hefyd, fe fuodd e'n cadw ryw chwe deg o ddefaid ar dir Brynyrychain, ger y ffordd fawr i Lanfarian. Oedd, roedd bywyd ar fferm fel Brynyrychain yn fendigedig er nad oedd yna fawr ddim cyfleusterau modern yn y tŷ ei hun, heblaw trydan, wrth gwrs, ac atgofion melys iawn sydd gen i o'r cartre cynta hwnnw. Ac er mai ond am naw mlynedd fues i'n byw yno, mae dal ychydig o hiraeth gen i am y lle hyd heddi.

Frank ffyddlon

Dwi wedi crybwyll Frank y ci defaid eisoes. Frank oedd yr anifail cynta yn fy mywyd i; wel, ro'n i wedi'i fabwysiadu fel fy nghi *i* a neb arall mewn gwirionedd. Pan o'n i'n fabi bach yn y pram, bydde fe'n gofalu ar 'yn ôl i, ac ymhen pedair blynedd bydde fe'n chware pêl efo fi, a bod yn gwmni i fi am oriau maith ar hyd y fferm. Dwi'n rhyw feddwl falle bo fi wedi'i sboilo fe, achos doedd Frank druan ddim lot o iws i 'Nhad pan oedd ise rhedeg ar ôl y da a'r defaid.

Ro'n i'n addoli pob math o anifail anwes, yn gŵn a chathod neu beth bynnag, allen i byth â neud drwg i unrhyw anifail. Falle nad y'n nhw'n gallu ateb 'nôl, ond maen nhw'n cofio, mwy na beth y'ch chi'n ei feddwl. Pan ddaeth hi'n amser i fi a Frank ffarwelio â'n gilydd, roedd yn adeg emosiynol iawn i fi. Naw oed o'n i ar y pryd ac yn gorfod gadael y cartre lle o'n i wedi cael fy magu. A bod yn onest efo chi, dwi ddim yn gwbod hyd heddi shwt ddaeth y diwedd i Frank, na phryd chwaith, â ninne i gyd yng nghanol prysurdeb symud o un cartre i'r llall. Yr unig beth ro'n i'n ei wbod oedd bod Frank yn rhy hen, ac na fydde fe'n dod gyda ni i'r cartre newydd.

Fe fethes i ffindo lle cafodd Frank ei gladdu, ac mae hynny'n dristwch mawr i fi, a dwi'n dal i hiraethu amdano. Yn fuan iawn ar ôl i ni symud i Degfryn, fe gyfansoddais i gân amdano, yn Saesneg o bob iaith – dyna beth od, yntê? Ond cân ddiffuant oedd hi er cof am yr hen Frank, dim ots beth

oedd yr iaith. Fwy na thebyg dyma'r gerdd gynta gyfansoddes i
erioed yn 1960:

FRANK

When I was a young one,
Asleep in my cot,
I had me a guardian
That loved me a lot;
Wherever I'd wander,
Behind me he'd stay
To scare off all strangers
And send them away.

We grew up together
The brotherly way,
We played in the farmyard
And fought in the hay;
Wherever we'd wander
Together we'd be –
He made life a pleasure
At all times for me.

But somehow, so sudden,
I had no more a friend,
The years of my childhood
With him had to end;
I'll never forget him –
His long, black, loose hair,
A shaggy old sheepdog
That always did care.

If dogs go to heaven,
I hope that once more
I'll meet my old guardian
Who'll greet me ashore.

Mam a 'Nhad, Diana ac Evan Jones,
ar ddydd eu priodas

Y llun cynta o'r tri ohonom – Mam a 'Nhad
a fi. Pythefnos oed oeddwn i'n cael fy
mabwysiadu, medd Mam

Fi, sef Bryan Jones, cyn bod
sôn am Ffyrgi na Ffaro

Frank a fi, ffrindie bore oes

Mam a fi ym Mrynyrychain. Dwi'n cofio'r foment yn iawn, roedden ni'n paratoi i fynd i ymweld a 'nhad yn ysbyty Sili. Ffrog las olau oedd gan Mam a siwmper werdd oedd amdana i

'Nhad a fi

Wncwl Ffred, 'y nhad bedydd, doedd e ddim yn perthyn drwy waed ond roedd yn aelod cyflawn o'n teulu ni

Y ddau dystysgrif geni ges i. Dwi'n Robert ar un ac yn Bryan ar y llall. Dyma'r foment lle newidiodd cwrs fy mywyd i

Fan hyn weles i olau dydd gynta, yr Elizabeth Rutter Maternity Home yng Nghasnewydd

Fy mam fiolegol, Madeline, a'i thad, sef Albert Edward

Fy nheulu biolegol: fi, Shirley fy chwaer, Madeline Mercia fy mam, fy chwaer Heather a 'mrawd Michael

Ysgol Chancery yng nghanol y pumdegau gyda Miss Morgan y brifathrawes, Mr T. L. Thomas a Miss Cole

Ffermwyr Ifanc Llanddeiniol, roedd hi mor bwysig bod yn rhan o fudiad bywiog yn y gymuned. Ond ble mae Bryan? Un o'r cartŵns ro'n i'n joio'u gwneud ar gyfer *Cwysi Ceredigion*

'Mi gaiff e bregeth nawr !!!'

Rhieni Ceinwen, Nesta a Wil, gelech chi ddim
dau mwy caredig

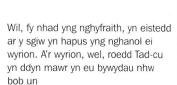

Y sgiw ble gwrddes i â Wil am y tro
cynta, mae'r sgiw hon gyda ni o hyd ar
ei newydd wedd

Wil, fy nhad yng nghyfraith, yn eistedd
ar y sgiw yn hapus yng nghanol ei
wyrion. A'r wyrion, wel, roedd Tad-cu
yn ddyn mawr yn eu bywydau nhw
bob un

Y trip enwog i John O'Groats, hyd yn oed bryd
hynny, roedd digon o ddwli a hwyl i'w gael

Dydd ein priodas. Ceinwen yn edrych yn ddel – o'n i ffaelu credu'n lwc

Pawb yn barchus tu fas i eglwys Sant Ioan, Penrhyn-coch. 'Nhad, Mam, fi a Ceinwen, Nesta, fy mam yng nghyfraith a Wil, fy nhad yng nghyfraith

Ar y ffordd mewn i'r eglwys, trwyn
John James sy jyst yn y golwg, Ogwen
a Dai Bach, fi, Glenys ac Idris y band.
Barod amdani!

Glyn y band oedd y *best man*, yn
neud yn siŵr 'mod i'n edrych yn iawn

Y Picasso *work of art*, y neges oedd yn fy nisgwyl
wrth borth yr eglwys

Y plant yn ifanc: Eben, Iona, Lisa ac Owain. O'dd llond tŷ gyda ni a jympyrs i fatsio!

Fi a Ceinwen ar ein ffordd i fyny'r Wyddfa

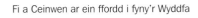

Fy mhen-blwydd yn chwe deg – y teulu gyda'i gilydd

Ym mhriodas Iona: Ceinwen,
Iona ac Aeron brawd Ceinwen

Owain a'i fan

Lisa'n graddio am y trydydd tro yn
Aberystwyth

Fi ac Eben mewn siop gowbois yn Ohio, ond brynon ni ddim un het

Ceinwen a'i chwaer Eirlys

Fi a Llew 'y mrawd yng nghyfraith, dyn â diléit mewn creu pethe, fel fi

Car poeth ar diawl, Ford Anglia 1500 – o'n i'n dipyn o foi yn harbwr Aberystwyth

Y car mawr melyn, y Ford Cortina 2000, digon o le i gario'r organ. Yn hwn aeth Ceinwen a fi ar ein mis mêl

Llew, 'y mrawd yng nghyfraith a'i Singer Gazelle hyfryd mewn rali hen geir yn Ffos-y-ffin

Mini coch Owain, ma hoffter ceir yn y gwaed mae'n rhaid ... lyfli ...

Y Ffyrgi Fach – biti na fydde hon gyda fi o hyd

Ar y ffordd. Fi'n gyrru bws Arriva i Ben-bont-rhyd-y-beddau ac wrth y llyw yn un o fysys y Brodyr James erbyn heddi

Partïon chwedlonol Spite. Roedd pawb yn cael hwyl, o'r ieuengaf i'r hynaf

Wncwl Ffred *puttin' on the Ritz* yn Spite!

Roedd Wncwl Ffred, yn eitha *ladies man*, fel y gwelwch chi

Canu hyd yr
oriau mân

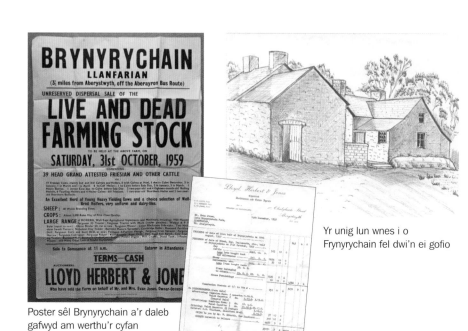

Yr unig lun wnes i o
Frynyrychain fel dwi'n ei gofio

Poster sêl Brynyrychain a'r daleb
gafwyd am werthu'r cyfan

Spite ddoe a heddi

Argoed, ein cartref ni bellach

Ffyrgi

Ro'n i'n cerdded i'r ysgol gynradd leol yn Chancery neu
Rhydgaled bob dydd – tua dwy filltir o daith. Do'n i ddim yn
mynd yno ar fy mhen fy hun, ac roedd cwmni efo fi'r rhan
fwya o'r amser, sef plant Jim a Mary James, Penrhiw-goch –
Gritta, Wil ac Edith ac fe fydden ni'n cerdded yno ym mhob
tywydd. Dwi'n cofio cael ambell wlychad wrth gerdded yno, ac
wedyn cael cyfle i sychu o flaen y stof fawr, hen ffasiwn oedd
yn yr ysgol ar y pryd, a'r dillad gwlyb i gyd yn hongian o'i
chwmpas yn stemio ar ffens o ryw fath.

Mae rhai plant sy wedi'u magu yn y wlad yn dweud yn
amal nad o'n nhw'n lico mynd i'r ysgol, ond rhaid dweud nad
o'n i'n malio mynd, achos o'n i'n joio chwara. Do'n i ddim
yn dysgu llawer wedyn, cofiwch, dim ond rhoi'r meddwl
ar chwara. Dwi ddim yn gwbod faint o blant oedd yn ysgol
Chancery ar y pryd, ond roedd 'na dri dosbarth yno, gyda thri
o athrawon yn gofalu ar ein holau ni. Miss Morgan, o Flaen-
plwyf, oedd y brifathrawes pan o'n i yno, wedyn roedd Mr
Thomas, a Miss Cole oedd yr athrawes arall, oedd yn dod o
Aber-arth. Roedd cegin dda yn yr ysgol, a dwi'n cofio i ni gael
bwyd bendigedig bob dydd. Ro'n ni'n blant, yn ein tro, yn cael
mynd i hôl lla'th oddi wrth Eben Davies, fferm Bryn-glas,
oedd rhyw ganllath o'r ysgol, ac roedd pawb yn mwynhau
neud hynny. Dwi'n cofio gweld Eben Davies ar y clos yn
amal yn gwisgo *knickerbockers* neu drowsus dygid 'fale fel
o'n nhw'n dweud – rhyw britshys llac wedi'u casglu wrth y

penglinie. Rhyfedd shwt ma plentyn yn cofio rhyw bethe bach fel'na, on'd dyw hi?

Ond dyddie da oedd y cyfnod yn ysgol Chancery ar y cyfan. Yr unig beth do'n i ddim yn lico 'na oedd neud syms – mathemateg, wrth gwrs. Do'n i ddim yn rhy hoff o'r *puzzles* mathemategol oedd yn cynnwys rhyw frawddegau mawr oedd yn ddigon i ddrysu unrhyw un. Ond ro'n i'n edrych 'mlaen at ddiwedd pob gwers, er mwyn cael mynd i chware ar yr iard. Un o'n ffrindie i oedd crwt bach o'r enw Ernest, o Soar, oedd rhyw ddau can llath o'r ysgol. Fe fuodd y ddau ohonon ni'n chware tractors pob cyfle oedd ar gael, yn esgus bod yn dractors a neud sŵn 'Brrrrrrrrrrrrm' o hyd. Mae'n siŵr gen i mai yn ystod y cyfnod 'ma y ces i'r llysenw Ffyrgi. Fe sticodd yr enw 'na ar ôl bod yn esgus chware tractors ar iard yr ysgol. Roedd Ernest a fi'n dipyn o ffrindie, ond yn anffodus, cafodd Ernest ei ladd mewn damwain car ar y ffordd fawr. Roedd e'n dipyn o sioc fi pan glywes i'r newyddion. Falle wir mai Ernest oedd y ffrind cynta i fi ei golli, a dwi'n cofio'n iawn mynd gyda gweddill y plant ysgol i'w angladd yng Nghapel Blaen-plwyf. Roedd yr holl beth yn ddierth iawn i fi bryd hynny.

Un o'r ffrindie eraill oedd gen i yn yr ysgol oedd Ken Young, ond nid tractors oedd diddordeb hwnnw, ond trenau ager, chi'n gwbod, trenau stêm. A dweud y gwir, dwi'n cofio gweld y trên hwnnw'n teithio ar hyd dyffryn Ystwyth, trwy Lanfarian a heibio i Gapel Gosen a rownd i waelod Pendinas ac yna o'r golwg, draw i Aberystwyth. Rhai eraill ro'n i'n chware efo nhw oedd John James o Lanfarian, Royston Hughes a Billy Westerman o Flaen-plwyf. Fe nethon ni lawer iawn o ddrygioni wrth fynd ar y bws i Ysgol Dinas yn Aberystwyth, ac roedd rhagor o ddrygioni i ddod eto!

Mae sawl plentyn sy'n symud o'r ysgol fach i'r ysgol fawr naill ai'n becso am y symud, neu'n edrych 'mlaen. Ond doedd symud i Ysgol Dinas yn becso dim ohona i. Fy ffrindie agosa i yn Dinas oedd Alan Lewis, Trawsgoed; Andrew Bowker o Gapel Bangor; John Toler o Ynys-las, ac Ifan Davies o Bonterwyd. Yn ystod amser chware, fe fydden ni'n mynd o gwmpas yr ysgol i weld pa ddrygioni allen ni ei neud. Wna i ddim manylu gormod, ond rhai o'r pethe fydden i'n 'u neud fydde chwythu ffiwsys, neud allwedd i ffitio'r drws o dan y llwyfan lle roedd stoc go lew o bapur tŷ bach, a neud *master key* i ffitio pob drws yn yr ysgol – er chafodd honno byth ei hiwso, dwi'n addo. Cyn gwers gerddoriaeth un tro, fe stwffion ni *brassiere* rhywun mewn i ganol offeryn cello'r athro cerdd, a phryd arall, fe stwffion ni holl lyfre'r wers Saesneg i ganol y piano oedd yn y dosbarth. Pan glywodd yr athrawes am hyn, aeth hi o'i cho', a gorfod i ni gyd sefyll ar ôl ysgol i gael ein cosbi. Ges i row hefyd am chware'r piano grand neis iawn, ym mhrif neuadd yr ysgol – heb ganiatâd, wrth gwrs – ond fe ges i gyfle i chware'r offeryn Melodica yn y gerddorfa, un o'r aelodau oedd Alun Jenkins o Bontarfynach. Dyna pryd ddysges i rai o'r tiwnie clasurol dwi'n dal i'w chware hyd heddi.

Ro'n i'n hoff iawn o arlunio pan o'n i'n ifanc, yn ystod dyddie ysgol yn enwedig, roedd habit gwael gen i sef tynnu llunie â beiro yn nhudalennau canol y llyfrau gwersi – llunie ceir gan mwyaf. Y rheswm am ddefnyddio'r tudalennau canol oedd y byddwn i'n 'u rhwygo nhw mas o'r llyfr cyn i ysgrifen y gwaith ysgol gyrraedd y canol a fydde neb ddim callach. Ond un diwrnod, ces i 'nala gan athro yn y wers wyddoniaeth wrth iddo agor y tudalennau canol yn y llyfr. Fe aeth o'i go'n llwyr, ac fe wedodd wrtha i am sefyll tu allan i ddrws yr ystafell ddosbarth nes i'r wers ddiweddu, yna bydde fe'n delio â fi gyda chansen a darn o blwm ar ei phen hi. Roedd honna'n swnio'n boenus! Er mwyn arbed cael shwt driniaeth a chosb, roedd yn rhaid meddwl am rywbeth i'w neud yn go glou. Sefes i ddim tu allan i'r drws am yn hir iawn, fe es i gwato nes ei bod hi'n amser mynd adre. Erbyn y bore wedyn, fuodd yr athro ddim yn hir iawn cyn dod o hyd i fi a dyma fe'n gofyn yn wyllt, 'Where did you go to after I sent you out of the class yesterday? I wanted to see you after the lesson!'

Dyma fi'n ateb yn llawn hyder, achos ro'n i wedi rhoi trefn ar fy mhethe erbyn hynny, 'Well you see, sir, the book you saw was an old exercise book, and I don't use it anymore.' A finne'n dangos y llyfr iddo fe ar ei newydd wedd erbyn hyn. Ro'n i wedi tynnu'r tudalennau efo'r llunie arnyn nhw allan a dangos y llyfr iddo fe â dim un llun yn agos ato. Trwy lwc fe lyncodd y stori. Dyna beth oedd *close shave*!

Ces i ac Ifan, fy ffrind, row wedyn am chware bob i acordion yn y prif gyntedd nes bod y sŵn yn cario i lawr y coridor i ben arall yr ysgol. Ie, fel 'na oedd hi, drygioni diniwed. Ond erbyn meddwl, *ni* oedd yn cael y cam achos a bod yn deg, doedd neb yn ein cymell ni y pryd hynny gyda'n diddordebau, dim ond chwilio beiau, a chosbi! Dyddie 'ma, fydde rhywun wedi cynnig 'mod i'n cael gwersi cerddoriaeth ychwanegol neu help gyda 'ngwaith arlunio, yn bydden nhw?

Tra o'n i'n ddisgybl yn Ysgol Dinas, fe fuodd Wncwl Ted farw. Wncwl Ted oedd gŵr Anti Jên, chwaer 'Nhad, ac fe a'th 'Nhad i helpu'i chwaer gyda'r gwaith ar ei fferm ym Mhen-lan, Llanrhystud, am rai blynyddoedd. Roedd hyn yng nghanol y chwedegau, ac fe fydden i'n dianc o'r ysgol yn y prynhawn ambell waith i ddal y bws i fynd i helpu 'Nhad ym Mhen-lan.

Edrychai fferm Pen-lan lawr dros Lanrhystud, Llannon a'r
cyffinie a'r môr, ac roedd digon i'w neud yno, rhwng y godro,
y defaid a'r cynaeafu. Fe fydde Ruth, fy nghyfnither, yn gorfod
helpu hefyd. Doedd dim dianc o'r gwaith. Eto, roedd wastad
bwyd ar y ford, a bydde Anti Jên yn neud yn siŵr fy mod
i'n bwyta digon, ac yn fy nghymell i fwyta'r darn cacen olaf
oedd ar y plat bob tro. Doedd gwaith fferm ddim yn ddierth i
fi, wrth gwrs, achos roedd wastad gwaith ar gael i fi os bydde
'Nhad ambwyti'r lle, ac fe fues i'n ei helpu sawl gwaith gyda
thrin a thrafod defaid yng nghaeau isaf Brynyrychain. Do'n i
ddim yn mwynhau'r gwaith yma, ond roedd yn rhaid helpu,
allen i byth â gwrthod. Wedyn, bob blwyddyn, bydden i'n
helpu 'Nhad i symud y defaid a'r ŵyn o'r *monument* ar hyd y
ffordd fach yr holl ffordd i fferm Pen-y-bwlch ger Rhydyfelin,
er mwyn eu cneifio. Roedd 'na nifer o jyncsions a gatie ar y
ffordd, ac fe fuodd yn rhaid i mi redeg heibio'r defaid wedyn
i neud yn siŵr eu bod nhw'n mynd y ffordd gywir. A dweud
y gwir, dwi'n credu mai fi oedd y ci achos ro'n i'n gwylio pob
symudiad fydde pob dafad yn ei neud. Bydde rhai o'r defaid
yn gyfarwydd â'r siwrne flynyddol hon. Ac fel mae ffarmwrs
yn gwbod, dim ond i ddwy neu dair fynd y ffordd gywir, yna
roedd gobaith i'r gweddill eu dilyn. Bydde'n ddiwrnod hir
a chaled, a'r job fydden i'n 'i gael fydde lapio gwlân. Dyna
i chi job ofnadw! Ro'n i'n stico, ac yn drewi o chwys defaid
drwy'r dydd! Wrth gwrs, bydde cinio a the'n cael eu darparu
gan Winnie Jones, gwraig Dai Pen-y-bwlch, ac fe fydden i a'r
cymdogion yn edrych 'mlaen at hwn bob tro. Roedd cael gwd
bolied o fwyd yn mynd ymhell, ac ro'n i wrth fy modd. Wedyn,
ar ôl gorffen, bydde'n rhaid neud yr un peth eto, sef mynd â'r
defaid 'nôl o'r man lle ddaethon nhw ryw ddeuddeg awr yn

gynharach. Ie, diwrnod hir a chaled, ond diolch i'r drefn, doedd e ddim yn digwydd yn amal.

Mae cymuned Llanddeiniol wedi bod yn gymuned amaethyddol gref, ac mae'n dal i fod felly. Asgwrn cefn y gymuned honno, heb os, yw Clwb Ffermwyr Ifanc Llanddeiniol, sy wedi bod yn rhan bwysig o'r ardal ers 1943. Alla i ddim honni fy mod i wedi bod mor frwdfrydig â rhai o'r aelodau yno, ond do, fues inne hefyd yn aelod o'r clwb ar un adeg. Ro'n i ar gael pan oedd angen peintio rhywbeth neu'i gilydd, neud gwaith llaw neu gystadlu ar bethe celf neu grefft. Roedd yn rhaid rhoi fy siot ore bob tro, er, wnes i erioed drio'r siarad cyhoeddus, roedd yn well gen i fod yn helpu yn y cefndir, gan mai bachan *practical* o'n i wedi'r cwbwl.

Dwi'n eitha siŵr y bydde pobol fy oedran i'n cytuno bod bywyd yn well 'nôl ym mhumdegau'r ganrif ddiwethaf. Roedd bron pob peth gyda ni: ceir, teledu, rhewgelloedd, ffôns ac yn y blaen, ac yn ogystal â hynny roedd yr elfen gymdeithasol a'r elfen o helpu'n gilydd yn gryfach o lawer nag yw e heddi. Contractwyr sy'n neud y gwaith trwm gyda pheiriannau erbyn heddi, wrth gwrs, ac mae'r rheiny'n rwshan o un lle i'r llall heb falle hyd yn oed gweld perchennog y fferm, ac os oes angen neud unrhyw gysylltu neu gyfathrebu rhwng y ddau, yna mae hynny'n digwydd drwy gyfrwng y ffôn symudol, nid wyneb yn wyneb. Fe joies i helpu ar wahanol ffermydd pan o'n ifanc, er bod y gwaith yn galed, y cymdeithasu oedd yn braf, ac roedd cael y fraint o gwrdd â chymeriadau ffein cefn gwlad yn werth y byd.

Pan o'n i'n dal yn yr ysgol – mae'n rhaid bo fi oddeutu fy arddegau cynnar – fe ges i'n apendics mas. Do, wir i chi, a dyna'r unig dro dwi wedi bod yn sefyll yn yr ysbyty erioed. Yr hen ysbyty yn North Road, Aberystwyth, oedd honno ac fe fuodd 'na dipyn o berfformans tra fues i yno. Ro'n i wedi mynd i gyngerdd Ysgol Brynherbert un noson gyda Mam. Tra o'n i yn y gyngerdd, fe es i'n sâl yn sydyn iawn a gorfod dod adre'n syth a galw'r doctor. Ces i fy anfon wedyn mewn ambiwlans i'r ysbyty. Ar ôl cyrraedd, fe ges i fy shafo – weda i ddim ble – ac yna fy mharatoi ar gyfer y llawdriniaeth. Y peth nesa ges i oedd sypositori, a chware teg i fi, fe wnes i bopeth ddwedodd y nyrs wrtha i. 'Daliwch chi gymaint ag y gallwch chi nawr ac ar ôl cwarter awr, gwasgwch y bwtwm, ac fe ddof i atoch chi.' Wel, fe wnes i beth ddwedodd hi, ac fe wasges i'r bwtwm sawl gwaith ar ôl y cwarter awr 'na – bob pum munud a dweud y gwir – am hanner awr arall, nes i ddamwain ofnadw ddigwydd. 'Sdim ise dweud mwy, oes e? Rown ni'n morio yn y stwff!

'Pam 'sech chi ddim wedi gwasgu'r bwtwm?' medde'r nyrs pan welodd hi'r llanast.

'Wel, fe wnes i. Sawl gwaith,' atebais inne'n llawn gwenwn.

'Gadwch i fi tsieco'r gole tu allan i'r drws,' medde'r nyrs wedyn. 'Gwasgwch y bwtwm.' Fe wasges i'r bwtwm, a chi'n gwbod beth? Doedd y gole ddim yn gweithio, oedd e?

Wel, ar ôl i'r hwch fynd drwy'r siop gyda'r sypositori, fe a'th yr opereshon yn llwyddiannus a dyna lle fues i am bythefnos ar ôl hynny, yn yr ysbyty yn recyfro. Dwi'n cofio gweld y fenyw doctor 'ma'n cerdded i mewn i'r ward gyda'r coesau hira, mwya siapus a weles i erioed, ac oedd hi mewn *high heels* hefyd. Wel, bois bach! 'Co shîts y gwely'n codi 'te! Roedd hi wedi deffro rhywbeth ynddo i … Roedd hi'n hen bryd i fi fynd adre, ac adre es i o'r diwedd. Fel 'na'r oedd hi yn y chwedegau – doedd dim brys i hala pobol adre o'r ysbyty bryd hynny. Roeddech chi'n cael cyfle i wella go iawn – sefyll rhyw fis arall adre wedyn, cyn mynd 'nôl i'r ysgol.

Eglwys Llanddeiniol

Er i fi gael fy medyddio yn eglwys Llanychaearn ger
Llanfarian, i eglwys Llanddeiniol y bydden i'n mynd i addoli
ar ôl symud o Frynyrychain, ac mae gen i gysylltiadau cryf
â'r addoldy hwn. Yno fuodd priodas 'Nhad a Mam, a bu'r naill
yn warden y ficer ac yn drysorydd, a'r llall yn ysgrifenyddes
yr eglwys am flynyddoedd. Bues inne hefyd yn warden y ficer
am gyfnod yn y nawdegau, a dwi wedi gweld saith ficer yn
gweinyddu yn yr eglwys hyd yma.

Pan o'n i'n ifancach ac yn mynd i'r eglwys yn gyson,
roedd 'na ysgol Sul hefyd. Dim ond pedwar ohonon ni fydde'n
mynd 'na – John ac Avril Williams, Y Gyrn; Hywel Jones,
Nantyrarian a finne. Bob blwyddyn, bydde'n rhaid i ni ddysgu
adroddiad ar gyfer y Gymanfa Bwnc. Ond doedd dim siâp
arna i, ac roedd pob un arall yn gwbod y darnau mewn amser
byr, heblaw fi – dim gobeth caneri – tan y funud ola un. Dyna i
chi beth od, yntê? Dwi'n medru cofio miwsig, ond dim llinelle
o farddoniaeth neu ryddiaith. Yn fuan ar ôl arholiad y Pwnc,
bydde'n hathrawes, Mrs Sarah Morgans, yn ein gwahodd i'w
chartre i gael te yn y prynhawn. Dyna beth oedd gwledd – bara
jam, tarten, cacs a blymonj. Nefoedd! Dwi'n hoff o 'mwyd, fel
allwch chi synhwyro. Roedd Mrs Morgans yn garedig iawn, ac
yn hoff iawn ohonon ni a'i heglwys. Gan bo cyn lleied ohonon
ni yn yr ysgol Sul, doedd 'na ddim trip traddodiadol fel ag oedd
yn ystod y cyfnod hwnnw. Ond mi roedd Capel Elim cyfagos

yn cynnal trip blynyddol, ac fe fydden ni'n cael gwahoddiad
i fynd ar hwnnw. Yr hyn dwi'n cofio fwya am y tripie hynny
oedd 'mod i wastad yn diweddu yn y *backseat* – a neud
drygioni fan'ny wedyn – ond alla i byth ag ailadrodd beth oedd
yr holl ddrygioni ro'n i'n neud. Mae beth bynnag ddigwyddodd
ar y *backseat* yn cael aros ar y *backseat*.

Fe fues i'n canu'r organ yn Eglwys Llanddeiniol yn fy nhro,
am tua deng mlynedd ar hugain. Ro'n i'n chware'r *responses*,
y salmau a'r emynau, a dwi'n hoff iawn o'r gwasanaethau
canadwy urddasol, syml o'r cyfnod hwnnw lle bydde gwahanol
fiwsig ar gyfer gwasanaeth y Cymun, y Boreol Weddi, yr
Hwyrol Weddi a'r Litani. Allech chi alw fe'n 'musical theatre'
falle, ac roedd yn rhaid amseru'r cwbwl yn berffaith, heb i'r un
ficer weud dim.

Ond, fel wnes i sôn ynghynt, yn Eglwys Llanychaearn y
clywes i'r organ bib yn cael ei chanu am y tro cynta erioed, a
hynny gan y diweddar Emlyn Thomas, ac roedd e'n creu naws
arbennig iawn. Ychydig iawn feddylies i bryd hynny y bydden
inne hefyd yn ei chanu droeon ymhen rhai blynyddoedd, mewn
amryw o briodasau, angladdau, a gwasanaethau eraill.

Er bod sain yr organ bib wedi tynnu fy sylw er pan o'n
i'n ifanc iawn, chwaraeais i'r un nodyn hyd nes i fi symud o
Frynyrychain i Degfryn, Llanddeiniol, lle roedd 'na biano. Fe
ddechreues i drwy chware dau nodyn ar y tro, ac yna dri, ac
yna cordiau, cyn symud 'mlaen at donau cyfan, heb gopi, wrth
gwrs. Wedyn, fe ges i ryw hanner dwsin o wersi piano gan
Carol Stewart o Lannon, a rhai wedyn gyda Mr Purcell – 'na
chi enw da – o Lanrhystud. Ond rhoi'r gore iddi wnaeth y ddau
athro yn y diwedd, a hynny achos bo fi'n cofio'r cwbwl ac fe
gafodd y gwersi fod. Do'n i ddim yn ymarfer rhyw lawer rhwng

y gwersi chwaith, achos ro'n i'n digwydd bod yn cofio'r cwbwl heb orfod edrych ar y nodau hen nodiant ar y papur. Cofio sain y nodau ro'n i. Un tro, fe chwareais i'r 'Moonlight Sonata' gan Beethoven o'r dechre i'r diwedd o 'nghof. Sai'n credu fydden i'n gallu chware honna ar 'y nghof nawr, cofiwch. Ond, hyd y dydd heddi, yr unig gyfrwng cerddorol dwi'n ei ddilyn yw'r sol-ffa, ac fe ddysges i fy hun i ganu'r organ, piano a'r acordion yn fuan iawn ar ôl hynny.

O ble ddaeth y gallu hwn i ddeall cerddoriaeth yn reddfol, alla i ddim â dweud, ond dwi'n diolch bob dydd amdano.

Cambrian News

Ar ôl gadael Ysgol Dinas, fues i'n ddigon ffodus i ennill prentisiaeth fel cysodydd gyda'r *Cambrian News* yn Aberystwyth. Dwi'n cofio iawn mynd am y cyfweliad cynta cyn dechre gweithio yno. Do'n i ddim yn siŵr iawn beth oedd o 'mlaen i, ond es i mewn, a chwrdd ag Eric Evans, rheolwr y cwmni. Fe oedd yn mynd i 'nghyfweld i. Roedd ganddo fe fwstásh, ac roedd e'n ddyn eitha strict, ond yn ddyn digon teg, wedyn. Ar ôl mynd i'w swyddfa, y peth cynta y gofynnodd e i fi 'i neud oedd sgwennu'n enw. 'Jiw jiw,' feddylies i wrtha i'n hunan. 'Dwi'n gwbod beth yw'n enw i'n iawn. Hawdd.' Ond, fe sgwennes i'n enw ar ddarn o bapur o'i flaen e fan'ny 'run peth. Fe ffindes i mas ganddo wedyn beth oedd y rheswm am y prawf bach rhyfedd. 'If you'd been left-handed, you'd be no good to me,' medde Eric. Roedd y math o waith roedd disgwyl i fi fel prentis 'i neud yn gofyn am berson fydde'n defnyddio'i law dde. Yn y byd argraffu, mae'r 'teip' yn dod mas o'r *caster* ar beth mae'n nhw'n 'i alw'n *galley* – math o *tray* hir. Bydde'n rhaid i hwnnw wedyn fynd ar ddesg, ar slant, gyda'r gwaith o gywiro'r teip yn gorfod digwydd ar yr ochr dde. Felly, tasen i'n fachan llaw chwith, fydden i'n dda i ddim i'r cwmni. Mae'n siŵr y bydde pethe'n wahanol erbyn heddi, gyda thechnoleg wedi newid gymaint, ond fel 'na roedd hi yn y *Cambrian News* ar y pryd. Yn ffodus iawn i fi, ro'n i a fy llaw dde wedi plesio Eric Evans y diwrnod hwnnw, ac fe ges i'r brentisiaeth fel cysodydd gyda'r *Cambrian News*. Ro'n i wrth fy modd. Y gwaith mwya fydde 'da fi oedd gosod yr holl lythrennau metel i gyd yn eu lle priodol i neud *letterheads* a thudalennau llyfrau a hyd yn oed paratoi tudalennau ar gyfer y papur newydd. Roedd yn rhaid i chi ddysgu darllen y llythrennau 'ma yp-seid-down a bac-tw-ffrynt. Roedd e'n jobyn a hanner!

Roedd 'na draddodiad gan yr argraffwyr hŷn y pryd hynny i gynnal *initiation ceremony* ar gyfer unrhyw un oedd newydd ddechre gweithio yno. Un o'r gweithgareddau hynny oedd eich dala chi, a thynnu'ch trowsus lawr a gosod inc du, trwchus dros eich rhannau preifat i gyd! Ie, meddyliwch, wir! Ond fe safies i rhag cael y busnes hynny rywsut, diolch byth. Doedd e ddim yn beth drwg i gyd, cofiwch, achos roedd e'n eich paratoi chi i wynebu pob math o brofiadau bywyd yn y byd tu allan. Nid bo chi'n cael inc ar eich rhannau preifat chi'n amal, ond, chi'n gwbod beth dwi'n feddwl.

Bydde sŵn ofnadw yn y *Cambrian News* ambell waith wrth i'r peiriannau argraffu redeg yr un pryd, ac ro'n i ar fy nhraed drwy'r dydd, a'r rheiny'n gwynio ac yn drewi erbyn diwedd y pnawn.

Roedd cael awr fach o amser cinio yn y *Cambrian News* yn gyfle i fynd am wâc o amgylch tre Aberystwyth. Bob dydd fe fydden i'n mynd draw i siop offerynnau Walkers yn Stryd Eastgate, a geswch beth oedd rhain yn ei werthu? Ie, chi'n iawn – organs trydan! A fan'na fydden i wedyn yn treulio gweddill yr awr ginio yn chware'r gwahanol fodelau oedd ar gael a phobol yn galw mewn i wrando ar y gerddoriaeth. Ro'n nhw siŵr o fod yn meddwl mai fi oedd y *demonstrator*. Wnes i hyd yn oed werthu un organ i Eric Evans, fy mòs i yn y *Cambrian News*! Ddylen ni fod wedi cael comisiwn!

Ar 15 Hydref 1967 ces fynd i Lundain am gwrs pedair

wythnos i ddysgu bod yn Monotype Keyboard Operator. Peiriant oedd y Monotype a oedd yn cysodi teip ar gyfer llyfrau a chylchgronau. Roedd ganddo tua 400 o fotymau yn y dull *querty*, hynny yw y llythrennau yn eu trefn fel y'ch chi'n 'u gweld nhw ar allweddell cyfrifiadur. Ond roedd hwn yn fwystfil cymhleth iawn i'w ddeall, heb sôn am drial dysgu defnyddio'r peth.

Do'n i ddim yn rhy hoff o'r syniad o fynd i Lunden yn y lle cynta a do'n i ddim yn edrych 'mlaen i ddysgu rhywbeth oedd yn hollol estron i fi, ond o leia do'n i ddim yn mynd yno ar fy mhen fy hun. Roedd bachan arall o'r *Cambrian News*, Emlyn Morgan, yn mynd i fod gyda fi ac yn teithio ar y trên yr holl ffordd yno. Mae mab Emlyn, sef Dai Morgan, yn rhedeg siop deganau ar Heol y Wig yn Aberystwyth erbyn hyn. Fel bachgen o'r wlad, do'n i ddim yn rhy gyfforddus â'r ffordd o fyw yn Llundain, ac mae'n dda bo fi wedi cael cwmni Emlyn tra 'mod i yno. Roedd e bymtheg os nad ugain mlynedd yn hŷn na fi, ac wedi arfer â'r ddinas fawr ddrwg … a'r Tube! Felly roedd hi'n braf gallu ymlacio yng nghwmni rhywun oedd yn gwbod lle ro'n nhw'n mynd. Dysgu taclo allweddell y Monotype a'r cannoedd o fotymau oedd arno fe oedd prif bwrpas y cwrs hyfforddi hwn. Fydden i'n dweud bod rhyw chwech *querty keyboard* arno fe i gyd. Roedd e'n beiriant mecanyddol, a doedd dim byd electronig yn perthyn iddo fe, achos roedd e'n cael ei yrru gan aer. Bydde'n rhaid i fi fel cysodwr symud fy nwylo o un grŵp o fotymau i'r llall er mwyn teipo'r priflythrennau neu'r llythrennau mân, llythrennau bras bach, yr holl lythrennau italig, ac yn y blaen. Ar ôl diwedd y teipo, fe fydde'r rholyn papur ar y *keyboard* yn mynd draw i'r *caster*. Bydde hwnnw wedyn yn darllen y tyllau bach yn y rholyn, ac yn cynhyrchu'r teip yn barod ar gyfer ei brinto neu argraffu. Ond mae'n falch 'da fi weud fy mod i wedi dod i ben â'r peiriant ac ro'n i'n medru 'teipio' dros 4,000 o lythrennau yr awr erbyn diwedd y cwrs.

Erbyn diwedd y chwedegau, roedd 'da fi obsesiwn llwyr â'r organ, ac fe benderfynes i brynu un newydd sbon – un Yamaha – a dim moto-beic oedd hwn, chwaith. O nage. Offeryn cerddorol o safon uchel iawn oedd hwn, ac ro'n i wedi neud trefniadau gyda Ken Walker, perchennog siop Walkers yn Aberystwyth, i dalu amdano tipyn wrth dipyn. Fel hyn ddwedodd e, 'No HP, I trust you completely.' Chware teg iddo fe. Sawl siopwr fydde'n fodlon neud trefniant fel 'na heddi, gwedwch? Ond pan glywodd Mam am y drefn 'ma fe dalodd hi am weddill yr organ. Roedd hon yn organ rhy dda i fynd â hi allan o'r tŷ.

Ar ôl dod 'nôl o Lunden i Aberystwyth, fe sefais i mewn yn yr argraffdy un amser cinio i fwyta fy nhocyn bwyd yn lle mynd am wâc i'r siop organs. Ar ôl gorffen fy mwyd, fe dynnais lun gyda beiro o'r peiriant oedd yn argraffu'r *Cambrian News* ar y pryd hynny. Roedd cymaint o whîls a chogs a bollte arno fe nes i fi fethu â'u rhoi nhw yn y llun i gyd, ond roedd e'n edrych yn eitha da erbyn y diwedd, hyd yn oed os ydw i'n dweud hynny fy hun:

Roedd 'na dipyn o gymeriadau'n gweithio yn y *Cambrian*

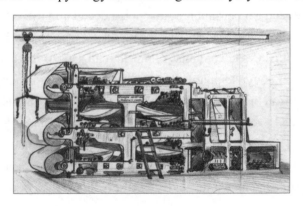

News ar y pryd, rhai yn dod o'r dre a rhai o'r tu allan. Jac
Llanbed oedd un ohonyn nhw, a dwi'n cofio i fi neud tamed bach
o ddrygioni i hwnnw un tro amser cino. Fe iwses i ddiwedd y
polysteirin cwrlog, sef y *foam* oedd yn dod allan o'r diwben oedd
yn cael ei ddefnyddio ganddon ni yn y broses brintio, ac ar ôl iddo
sychu, dyma fi'n ei beintio'n lliw brown. Fe osodes i hwnnw wedyn
ar y llawr lle'r oedd Jac yn gweithio a phan ddo'th e 'nôl o'i gino,
fe waeddodd hwnnw dros y lle i gyd, 'Pwy yw'r mochyn diawl sy
wedi cachu fan hyn?!' Wel, fe wnaeth pawb chwerthin wrth weld
y jôc, a Jac yn ffaelu deall pam oedd pawb yn chwerthin am y
fath fihafio. Druan â Jac! Trwy lwc, fe ddaeth at ei hunan wedyn a
derbyn mai jôc oedd e. Un arall fues i'n gweithio 'da fe oedd Cen
Llwyd, ie, y Parchedig Cen Llwyd erbyn hyn. Fe gafodd Cen hefyd
dipyn o dest yr adeg hynny am fod ambell un eitha od yn gweithio
'na, ond roedd Cen yn fwy nag abal i ddelio gyda phethe. Oedd wir,
roedd tipyn o sbort i'w gael yn y *Cambrian News*.

Fe symudes i wedyn o sŵn yr argraffdy i weithio mewn lle
tawelach a glanach, sef Llyfrgell Genedlaethol Cymru, yn neud yr
un math o waith. Yr unig wahaniaeth fan hyn oedd bod y lloriau
pren wedi'u polisho, ac roedd teils gwyn ar y wal. Yno hefyd roedd
'na beiriant argraffu *litho* o'r Almaen, sef yr Heidelberg, a hwnnw'n
lliw du ag ysgrifen *chrome* arno ac roedd e cyn laned â Rolls
Royce yn barod i fynd i briodas. Roedd sawl cymeriad doniol yn
gweithio yno hefyd, a gyda'r technegwyr a'r porthorion y bydden
i'n cymysgu fwya, nid gyda'r ysgolheigion oedd yn gweithio mewn
rhan arall o'r adeilad; do'n i ddim yn teimlo bod 'da fi ddim yn
gyffredin â nhw, nid bod dim yn bod arnyn nhw chwaith, chware
teg – nid eu bai nhw oedd eu bod nhw'n glyfar. Fe arhoses i yno tan
1980, pan benderfynes i fynd i weithio ar fy liwt fy hunan.

Yr organ a'r Gwerinwyr

Fe ymunes i â'r grŵp gwerin y Gwerinwyr yn 1967 ac mae
'nyled i'n fawr iawn iddyn nhw am y cyfle i ddatblygu fy sgilie
perfformio. Roedd y band wedi'i ffurfio yn Aelwyd yr Urdd,
Llannon tua 1964, a hynny ar ôl gweld bod 'na le yng Nghymru
am grŵp oedd yn gallu cyfeilio mewn twmpathau dawns,
cyngherddau a nosweithiau llawen ledled y wlad. Roedd hi'n
oes aur ar y twmpathau dawns yng Nghymru ar y pryd. A dyna
ddechre ar gyfnod cyffrous i'r grŵp wrth iddyn nhw dderbyn
gwahoddiadau i berfformio mewn digwyddiadau dros Gymru
gyfan. Yr aelodau ar y cychwyn cynta oedd Llinos Thomas o
Aber-arth ar y piano – roedd hi'n athrawes yn Ysgol Gymraeg,
Aberystwyth; Idris Evans, gyrrwr lori laeth ar yr acordion;
ei frawd, y trydanwr Glyn Evans ar y gitâr; John Elfed Jones,
aeth yn ei flaen i fod yn Gadeirydd Dŵr Cymru, ar y gitâr; a'r
trydanwr i SWEB, Islwyn Jones, oedd ar y drymie. Ro'n nhw
wedi cael tipyn o lwyddiant gyda'i gilydd cyn i fi ymuno â nhw,
gan gynnwys perfformio yng Ngŵyl Werin yr Urdd yn Aberafan
yn 1964.

Y noson gynta fues i'n perfformio efo nhw oedd 29 Ebrill
1967, mewn twmpath dawns yn neuadd Llanrhystud ac roedd
'na organ fach Philips yn barod i fi ar y llwyfan. Sôn am gael fy
nhowlu i'r pen dwfwn! Roedd yn rhaid i fi gydchware efo nhw …
yn syth, heb dim ymarfer. Ro'n i wedi clywed nifer o'r caneuon
o'r blaen, wrth gwrs a dyna lle roedd y glust yn ddefnyddiol.

Ma'n rhaid i fi gyfadde mai gyda band y Gwerinwyr y ces i fy mhrentisiaeth gerddorol. Arweinydd blaenllaw'r grŵp yn ystod fy nghyfnod i oedd Idris Evans. Roedd Idris yn byw ym Mrynawel, Cross Inn. Boi handi iawn oedd Idris, fe adeiladodd ei fyngalo ar ei ben ei hun. Roedd e'n ddyn tawel, cwrtais ac amyneddgar. Fe oedd yn chware'r acordion, ac roedd ei ddatganiad a'i amseru bob tro'n berffaith. Os oedd rhywbeth o'i le efo'r perfformans, ac Idris ddim yn hapus, fydde fe ddim yn codi'i lais ond yn hytrach yn newid ei liw. Ro'n ni'n gwbod wedyn ei bod hi'n bryd i ni dynnu'n hunain at ein gilydd yn go glou. Roedd hefyd yn gywirwr trydanol profiadol, ac os bydde unrhyw beth yn bod ar yr organ fe fydde Idris yn ei mendio yn y fan a'r lle.

Islwyn Jones oedd drymiwr y Gwerinwyr, ac yn byw yn Delfryn, Llannon. Fe fydde Islwyn yn chware'r drymie yn wahanol i bawb arall. Er enghraifft, fe fydde fe'n defnyddio'r brwshys a'r drwm snêr gyda'r drwm bas, a hyn yn creu sain ac arddull a oedd, i mi, yn unigryw. Os edrychwch chi ar fideo neu DVD o'r Gwerinwyr *in action*, fe welwch chi fod Islwyn yn newid o'r *drumsticks* i'r brwshys ambell waith i greu amrywiaeth, a phan fydde fe'n mynd i'r hwyl, bydde fe'n magu sbid hefyd a bydde'r gweddill ohonon ni'n gorfod cadw lan 'da fe, ond roedd hyn yn nodweddiadol iawn o'r band am ein bod ni wedi dod i nabod ein gilydd yn dda. Fe gymerodd Kevin, unig fab Islwyn ac Anita, ddiddordeb yn y gitâr a'r drymie ac mae'n dal i chware hyd heddi, mi fydde fe weithie'n ymarfer efo'r band. Fe neilltuodd stafell yn ei gartre er mwyn creu amgueddfa ac archif i'r Gwerinwyr. Yn ogystal â dangos rhai o'r offerynnau gwreiddiol, mae 'na lunie ac adroddiadau o fywyd y band pan oedd ar ei anterth. Ac wrth gwrs, fel pob amgueddfa, mae 'na wastad rhywbeth ar goll, a bydde Kevin yn falch iawn o dderbyn unrhyw gyfraniad o bwys.

Roedd Glyn Evans, gitarydd y band, yn frawd i Idris, yn ddibriod, ac yn byw yn Arfryn, Cross Inn. Roedd e hefyd yn berchen ar gitâr Hawaii fydde ond yn ei chware ambell waith pan fydde Islwyn yn canu unawde. O ran ei alwedigaeth, trydanwr oedd Glyn, ond fe fydde fe hefyd yn gweithio bron bob nos fel barman yn Nhafarn Rhos-yr-hafod, Cross Inn, ac roedd e hefyd yn fedrus iawn wrth drafod ffigurau yn ei ben. Roedd e hefyd yn 'mestyn ei ddawn naturiol â ffigurau yn ei waith fel postfeistr yn swyddfa'r post mewn rhan arall o'i gartre yn Cross Inn. Ar ôl i ni fod yn chware mewn twmpath gyda'r band, fe fydde Glyn yn mynd adre i 'neud y cownts' fel oedd e'n dweud, a hynny tan oriau mân y bore.

Yn ystod y cyfnod 'ma, wrth gwrs, ro'n i wedi dod i oedran dysgu gyrru car. Wnes i basio'r prawf gyrru, ar y cynnig cynta, gyda llaw, a hynny ar 14 Gorffennaf 1967. Roedd 'Nhad wedi prynu fan Mini i fi er mwyn dysgu dreifo. Fe brynodd e'r fan yng ngarej Garth oedd drws nesa i'n cartre ni yn Nhegfryn, Llanddeiniol ac fe dales i fe 'nôl am y fan dros amser. Ro'n i'n awyddus i fynd am gwpwl o wersi dreifo gydag e ond doedd e ddim yn rhy hoff o fynd â fi mas yn y car; roedd yn well 'da fe bo fi'n mynd am wersi swyddogol a dyna beth wnes i, gyda'r Dragon School of Motoring yn Aberystwyth. Triumph Herald oedd gan y cwmni i'w yrru – car neis iawn. Cofiwch chi, gredes i fyth y bydden i'n pasio'r prawf ar y cynnig cynta, achos am ryw reswm fe wnes i basio car wrth yrru lawr North Parade yn Aberystwyth. Sai'n siŵr hyd heddi pam wnes i hynny, ond dwi'n gwbod yr es i heibio iddo fe! Ond diolch byth, wnaeth hynny ddim

sarnu pethe i fi. Fe ddwedodd yr ecsaminer wrtha i 'mod i wedi
paso, gan ddweud, 'I'll give you the benefit of the doubt,' am y
digwyddiad o oddiweddyd.

Roedd pasio'r prawf gyrru yn rhoi'r annibyniaeth i fi fynd
i lle bynnag ro'n i ise, pryd bynnag ro'n i ise. Un nosweth, pan
o'n i ar y ffordd i gwrdd â'r Gwerinwyr, ro'n i ar 'i hôl hi'n
mynd i gwrdd â'r fan yn Llannon, ac fe ges i fy nala 'da'r polîs
yn sbido ar hyd fflats Llannon mewn fan Mini yn neud dros
bum deg milltir yr awr! Ond chware teg, fe dalodd y band am
y ffein. Dwi'n cofio un tro wedyn i Glyn, oedd yn chware'r
gitâr yn y grŵp, gael y *breathalyser* ar y ffordd i dwmpath yn
Llanddewibrefi ond do'n nhw ddim mor strict am yfed a gyrru
yr amser 'ny.

Fe gawson ni lot fawr o sbort yn ystod y cyfnod hwn efo'r
band. Wrth fynd â'r offer i mewn i neuadd Caerwedros un
nosweth, dyma Islwyn y drymiwr yn siarad â rhywun wrth
gyrraedd y neuadd, buodd e wrthi am sbelen yn cael sgwrs
'da'r dyn a ffaelu cael ateb call ganddo. Wel doedd dim rhyfedd,
achos doedd neb yno, siarad i mewn i ddrych oedd e. Sôn am
siarad â chi'ch hunan. Roedd digon o hwyl pan o'n i'n mynd o
le i le gyda'r grŵp a digon o gyfle i greu hafoc. Hanner ffordd
drwy'r twmpath dawns, bydden ni'n cael bwyd a dyma fi'n neud
melltith wedyn trwy roi llwye, ffyrcs neu gacennau ym mhocedi
Islwyn, heb iddo wbod tan fydden ni hanner ffordd adre yn
y fan. Beth fydde'r trefnwyr yn ei ddweud pan fydden nhw'n
sylweddoli bod y band wedi dwyn eu llwye a'u ffyrcs nhw?
Dy'ch chi byth yn gwbod pryd ddaw cyllell a fforc yn handi. A
bydde pocedi Islwyn druan yn janglo ac yn llawn bwyd.

Ar ddiwedd y chwedegau, ro'n i'n chware tua theirgwaith
bob wythnos, lan yn y gogledd, lawr yn y de, a jyst â bod ym

mhob neuadd yng Ngheredigion. Ar wahân i dwmpathau dawnsio gwerin, fe fydde'r band yn perfformio mewn ambell ginio nodedig. Fydde nosweithiau felly'n gyfle i Islwyn ganu caneuon Jim Reeves, y canwr o Texas oedd yn enwog am ganu gwlad. Ro'n inne hefyd yn hoff iawn o wrando ar ganeuon Jim Reeves, gyda'i arddull syml a chlir o ddehongli caneuon sentimental y dydd. Fuodd e farw'n llawer rhy ifanc – deugain oed oedd e pan blymiodd yr awyren roedd e'n ei hedfan i'r ddaear ar ôl mynd i drafferthion mewn storom ger Nashville, Tennessee.

Yn ogystal â chware mewn twmpathau dawns, fe fuodd y Gwerinwyr hefyd yn chware am ryw ddwy flynedd yn y pantomeim enwog yn Felin-fach, o dan arweiniad Gwyn Jones. Yn ystod fy amser gyda'r band, fe gwrddes i ag amryw o alwyr, hynny yw, yr MC neu'r person fydde'n galw neu'n disgrifio patrwm y ddawns. Roedd rhai yn bobol gyffredin, a rhai wedyn yn fwy enwog; Alun Morgans, Alun Phillips, Dei Tomos, Erwyd Howells, Elfed Lewys, Gareth Owens, Glyn Jones, Hedd Bleddyn, Henri Rhyd-tir, Mansel Rhydlewis, Tom Tregaron a'i frawd Melfyn. Falle fod rhai eraill, a dwi'n ymddiheuro nad ydw i'n cofio mwy o enwau – henaint ni ddaw ei hunan. Ond mi fydde'r nosweithiau'n llawn hwyl a chwerthin, y bobol a'r band yn joio. Fe fuodd y band hefyd yn perfformio yng nghwmni Tony ac Aloma, a'r Tywysog Charles coeliwch neu beidio. Ond stori arall yw honno!

Ar 18 Rhagfyr 1971, dathlodd y Gwerinwyr eu milfed twmpath yn neuadd Aber-porth, ac fe gyflwynwyd oriawr aur i bob aelod gan y diweddar Colonel W. H. Spurell. Dyma ran o'r adroddiad yn cofnodi'r digwyddiad, o bapur newydd *Y Cymro*, 22 Ragfyr 1971:

Daeth saith cant o ddawnswyr gwerin ynghyd i Aber-
porth nos Sadwrn i dalu teyrnged i fand y Gwerinwyr
yn eu milfed perfformiad. Ffurfiwyd y band ym 1964, ac
ymddangosodd gyntaf yng Ngŵyl Werin Aberafan yn yr un
flwyddyn.

Aelwyd Llannon a roddodd fodd i'r band, ac o blith
Aelwydydd a Chlybiau Ffermwyr Ieuainc y daeth y galw
mwyaf am ei wasanaeth. Yr arweinydd oedd Ifan Isaac,
trefnydd dathliadau Jiwbili yr Urdd, ac ar ran y ddau
fudiad, cyflwynwyd oriawr aur yr un i'r pedwar aelod
gan Bryn James, trefnydd Mudiad y Ffermwyr Ieuainc y
sir. Mae'r band wedi perfformio ymron ym mhob sir yng
Nghymru, ac yn naturiol, byrdwn eu canu yw alawon
gwerin traddodiadol Cymraeg. Ond ânt ati hefyd i addasu
caneuon pop Cymraeg.

Un newid a fu yn y band ers ei gychwyn. Cymerwyd
lle John Elfed Jones (gitâr) gan Bryan Jones (organ) sy'n
argraffydd yn Aberystwyth.

Cafwyd penillion cyfarch i'r Gwerinwyr ar y noson i canu ar
alaw'r 'Mochyn Du':

> Y Gwerinwyr llongyfarchwn
> Heno ar eu milfed sesiwn
> Erbyn hyn eu bri sy'n profi
> Iddynt ennill calon Cymru.

> O mor falch yr ydym ni,
> O mor falch yr ydym ni,
> O gael clywed hen alawon
> Yn gyfeiliant i'r holl sbri!

Mae saith mlynedd wedi hedeg
Er pan ffurfiwyd y band glandeg,
Criw o offerynwyr medrus
A'u gwasanaeth yn un hapus.

Y pedwar llanc sy'n adnabyddus
Ystwyth yw eu bysedd medrus,
Ninnau ddawnswyr yn ein hafiaith
Yn rhoi sbonc a hwb i'r heniaith.

Islwyn sydd yn curo'r amser
Ar y drwm y bu'n ymarfer,
Ei ddiddordebau sy'n amrywiol –
Actio drama a chwarae ffwtbol.

Acordion yw offeryn Idris
Second fiddle ydyw Glenys,
Wedi bildo bynglo newydd
Yn Cross Inn i'w chadw'n ddedwydd.

O Landdeiniol y daw Bryan
Dyma feistr ar yr organ.
Mae holl ferched cerdd yn dotio,
I'r *Cambrian News* y maent yn ffonio.

Â'r gitâr daw Glyn i'w swyno –
Shifft brynhawn mae hwn yn gweithio
Janet sydd â'i llygad arno
Ond cwmni'r gath mae Glyn yn leicio.

Erbyn hyn mae'r band yn enwog,
Eu cyfraniadau'n hael a selog,
Calondid ddaw i bob trysorydd –
Gweld neuaddau'n llawn o ddawnswyr.

Yng Nghaerdydd y cawsant groeso
Wrth chwarae o flaen Carlo,
Tony ac Aloma hefyd
A fu'n cydberfformio'n hyfryd.

Disgwyl wnawn y cawn ni record
Gan y pedwar yn y Bedford
A fydd yn uwch ac uwch yn seinio
Ar y top yn Siart y Cymro

O mor falch yr ydym ni,
O mor falch yr ydym ni,
O gael clywed hen alawon
Yn gyfeiliant i'r holl sbri!

John Jones, Ty-mawr, Llannon

Oedd, roedd y noson honno yn Aber-porth yn un i'w chofio. Ond mae raid i bethe da hyd yn oed ddod i ben, ac ambell waith rhaid symud 'mlaen. Mae'n rhaid i fi gyfadde 'mod i'n teimlo erbyn y diwedd bod pethe wedi mynd ychydig yn undonog, wrth i ni chware'r un caneuon o hyd, felly ro'n i am neud pethe eraill gyda'r organ, a hynny ar 'y mhen 'yn hunan. Roedd y teithio'n mynd â lot o'n hamser ni, ac ar ben hynny, ro'n i'n dal i fod yn aelod o gôr meibion y Post Office Glee Men yn

Aberystwyth, Côr Meibion Aberystwyth, erbyn heddi. Felly, rhwng yr ymarferion a'r cyngherddau cyson ro'n i'n brysur tu hwnt, ac ar ôl pendroni am amser hir fe benderfynes i orffen chwarae efo'r band, ond ro'n i'n benderfynol o ddal i gadw cysylltiad â nhw.

Ac fe aeth y Gwerinwyr ymlaen hebdda i wedyn am ychydig o flynyddoedd eto, ar wahân i ambell achlysur arbennig. Ond fel mae'r gân gan Hergest yn dweud, 'yn doedden nhw'n ddyddie da' … dyddie da iawn.

Ceinwen

Do'n i ddim wedi gweld na chwrdd â Ceinwen o'r blaen tan i fi fynd i ganu'r organ mewn twmpath dawns yn neuadd Penrhyn-coch, pentre bach rhyw bedair milltir a hanner i'r gogledd-orllewin o Aberystwyth. Dwi'n cofio'r dyddiad yn iawn – 16 Hydref 1974. Pan o'n i ar y llwyfan gyda'r Gwerinwyr, yn chware mewn twmpathau dawns, ro'n i'n cael *bird's eye view* o bob menyw oedd yno. Yn rhyfedd iawn, y noson honno ro'n i wedi sbotio'r ferch 'ma ar y llawr danso o bell. Fe ddwedes i wrtha i'n hunan, 'Mae honna i weld yn go lew!' Felly, fe achubes i ar y cyfle nes 'mlaen yn y noswaith i fynd lawr ati i gael gair ac i drial ffindo mas beth oedd 'i henw hi … ond heb unrhyw lwc. Dyfal donc medden nhw yntê, a chyn diwedd y noson, fe ddes i ben â chael enw a chyfeiriad y ferch bert 'na, a hynny drwy werthu tocyn raffl iddi a mynnu 'i bod hi'n rhoi'i manylion ar gefn y tocyn. 'Na chi un ffordd fach glefer o gael y manylion. Ond yn anffodus, enillodd Ceinwen Edwards ddim byd yn y raffl yn y twmpath dawns ym Mhenrhyn-coch y noswaith honno, heblaw darpar ŵr wrth gwrs a hynny ymhen tair blynedd. A dweud y gwir, *fi* enillodd y wobr yn noson honno, 'sdim dowt am hynny.

Ar ddiwedd y noson es i at Ceinwen a holi a fydde hi'n hoffi dod allan gen i ryw nosweth. Roedd hi am ddod yn syth – y noson ganlynol – i dwmpath dawns yn Nolgellau, medde hi. Roedd hon yn *keen*! Ro'n ni'n dau'n dal yn ifanc, wrth gwrs,

ac roedd yn rhaid i Ceinwen ofyn i'w mam, Nesta, os alle hi
fynd efo i. Pan a'th hi i ofyn i'w mam, 'Gofyn i dy dad,' oedd
yr ymateb gafodd hi. Aeth hi wedyn i ofyn yr un peth i'w
thad, Wil, a hwnnw'n ateb yr un peth: 'Gofyn i dy fam.' Beth
bynnag, fe gafodd hi ddod yn y diwedd, ac fe ddwedes i wrthi y
bydden i'n ei chodi o'r tŷ mewn car mawr, melyn Ford Cortina
Estate.

Ar y nos Sadwrn honno, ar ôl codi Ceinwen – ychydig yn
hwyr, achos ro'n i wedi codi Islwyn o'r Gwerinwyr yn Llannon
– dyma ni'n mynd efo'n gilydd i'r twmpath yn Nolgellau. Roedd
Ceinwen yn eistedd yn y canol, Islwyn ar yr ochr chwith, a
finne'n gyrru, tri ohonon ni yn y ffrynt. Yn rhyfedd iawn,
Islwyn wedyn fuodd yn holi'r cwestiynau i gyd i Ceinwen yn
ystod y daith yn y car a finne'n gwrando ar yr atebion, ond
yn dweud dim, dim ond llyncu'r cwbwl. 'Na beth od, yntê?
Roedd y twmpath yn Nolgellau yn noson fendigedig, ac fe
fuodd Ceinwen allan gen i wedyn bron ym mhob twmpath a
nosweithiau eraill – hi, fi … a'r organ! Roedd hyn i gyd yn
1974, wrth gwrs, ac fe fuon ni'n caru wedyn am ryw dair
blynedd. Yn ogystal â mynd efo'n gilydd i'r nosweithiau llawen
oedd yn ddigwyddiadau cyson iawn y dyddie hynny, bydden
ni hefyd yn galw gydag Eirlys a Llew, chwaer a brawd yng
nghyfraith Ceinwen, yn eu fflat yng Nghomins Coch, ger
Aberystwyth. Roedd wastad croeso yno i ni'n dau, ac roedd e'n
ddihangfa gyfleus.

Gall pobol sy'n byw yng nghefn gwlad Cymru adrodd sawl
stori am y traddodiad neu'r arfer o neud rhyw felltith noson cyn
priodas. Mae'n arfer o dynnu coes doniol, sy'n gallu mynd dros
ben llestri ambell waith. Y noson cyn i Ceinwen a fi briodi,
wnes i'n siŵr 'mod i'n cuddio'r car, rhag ofan bo rhywun yn

penderfynu neud rhyw felltith arno. Roedd angen y car arnon
ni'n hwyrach ar y dydd Sul, a dyma fi'n mynd ag e i'r hen sied
yng ngardd fferm Cwmcoedwig, Llanfarian, a neb yn gwbod
dim. Yna'r diwrnod wedyn, sef 9 Gorffennaf 1977, ar yr un
diwrnod â phen-blwydd 'Nhad fel mae'n digwydd, fe briododd
Ceinwen a finne. Eglwys Sant Ioan, Penrhyn-coch oedd lleoliad
y briodas, ac roedd hi'n ddiwrnod heulog, braf. Nid fi oedd yn
canu'r organ y tro hwn, gyda llaw – roedd yn rhaid cael hoe o'r
gwaith 'ny ar ddiwrnod fy mhriodas fy hunan. Mary Matthews,
Cwmcoedwig, gafodd y dyletswydd hwnnw, a hithe'n hollol
ddall. Glyn, o fand y Gwerinwyr, oedd fy ngwas priodas, a fe
hefyd oedd yn fy ngyrru i'r gwasanaeth yn ei Ford Classic lliw
maroon. Roedd potel fach o whisgi gyda ni yn y car, i dawelu'r
nerfe, yntê, fe gawson ni dot bach o hwnnw nawr ac yn y man
ar hyd y daith, i'n cadw ni i fynd. Fe fennon ni'r botel cyn
cyrraedd yr eglwys! Ond dwi'n hastu i weud bo ni'n sobor reit,
cofiwch. Ac wrth i ni gyrraedd yr eglwys ym Mhenrhyn-coch,
fe ges i sioc fawr wrth weld bod rhywun wedi gosod baner ar
y ffens, a llun o fenyw borcyn arni a'r geiriau 'Aim For Target,
Bryan!' Dwi'n deall bod ffrind i ni, Ogwen Evans o Dal-sarn,
ger Llanbed, wedi cael row gan y ficer am osod y faner tu fewn
i gatie'r eglwys a gorfod iddi'i symud a'i rhoi ar y clawdd tu
allan. Tybed a welodd Mam a'n 'Nhad hi? Gobeithio ddim.
Ddwedon nhw ddim byd, ta beth.

Ar ôl y gwasanaeth, aeth pawb i'r wledd briodas yn y Bay
Hotel yn Aberystwyth, reit ar lan y môr, ac roedd hi fel ffair
yno. Fel wedodd yr hen ficer, y diweddar W. M. Jenkins, 'Mae
fel Laurel and Hardy 'ma!' Roedd hwnnw'n dipyn o dderyn
hefyd a dwi'n ei gofio fe'n dweud yn ei araith mai'r gyfrinach
i briodas hir oedd, os o'ch chi'n cwmpo mas â'ch gilydd, yna i

gymodi a madde i'ch gilydd cyn mynd i'r gwely. Mae'r cyngor gafon ni'r diwrnod hwnnw siŵr o fod yn gweithio, achos mae Ceinwen a finne gyda'n gilydd o hyd!

Doedd dim cymaint o bobol yn mynd ar eu mis mêl *abroad* yr adeg honno, a doedd dim llawer iawn o bobol yn cael parti nos ar ôl y briodas chwaith. Ro'n i'n digwydd bod yn canu'r organ yn rheolaidd yn Nhafarn y Tollgate ym Mhenparcau, Aberystwyth, ac fe gynigodd Ken ac Iris Evans, y perchnogion ar y pryd, i ni ddod 'nôl o'r Bay Hotel i'r Tollgate, ac y bydden nhw'n cynnal parti bach i ni. Chwara teg iddyn nhw – fe wnaethon nhw bwffe bendigedig i ni hefyd a'r cwbwl am ddim. Fe allwch chi ddychmygu mai'r ffrindie a'r perthnasau ieuenga oedd yno, ac roedd hi'n noson swnllyd a bywiog iawn, gyda digon o ganu a dawnsio. Dyna beth oedd parti a hanner! Dwi'n credu mai'r noson honno ges i'r meddwad mwya erioed, er nad ydw i wedi bod yn un am yfed llawer, dim ond ar achlysuron arbennig iawn. Sai'n credu chwaith fod 'Nhad a Mam yn gwbod dim am yr antics 'ma. Ar ôl i'r cwbwl ddod i ben, yn gynnar yn oriau mân fore Sul, aeth Ceinwen a fi 'nôl i gysgu yng nghartre ffrindie, sef Gareth ac Ogwen Evans o Dal-sarn ger Llanbed. Mae Ceinwen yn hoffi'n atgoffa i'n amal nad oedd coes 'da fi odana i'r nosweth 'ny. Fuodd yn rhaid i Ceinwen ac Ogwen gario fi lan y sta'r a'n stripo i cyn fy rhoi i'n y gwely. Mae Ceinwen hefyd yn hoffi dweud tasen nhw wedi'n rhoi fi'n y gwely gydag Ogwen y noson honno, na fydden i wedi bod damed callach. Ac mae hynny'n siŵr o fod yn gwbwl wir.

Fe aethon ni'n bell iawn ar ein mis mêl y diwrnod wedyn, ar ôl sobri tipyn. Aethon ni yr holl ffordd … i Gaerdydd. Fuodd fy nghyfnither Eleanor yn garedig iawn yn gadael i ni sefyll yn ei chartre yn y brifddinas am yr wythnos. Mynd wedyn yn jycôs o un lle i'r llall fuon ni, a wâc fach i'r Amgueddfa Werin yn Sain Ffagan. Doedd dim llawer o ffys mis mêl ffansi mewn rhywle pell adeg hynny, ond fe joion ni mas draw 'run peth, cyn dod 'nôl a dechre bywyd yn ein cartre newydd ni yn Llanfarian.

Marathon ... dyna berfformans

Yn 1977, fe dderbynies i her i chware'r organ mewn sesiwn marathon noddedig, i bara 24 awr yn ddi-dor. Y lleoliad oedd gwesty'r Black Lion yn Llanrhystud. Roedd y cyfan yn dechre ar nos Wener, 20 Mai, am chwech o'r gloch, ac roedd am ddiweddu union bedair awr ar hugain yn ddiweddarach ar y nos Sadwrn. Roedd yr elw i gyd yn mynd tuag at y Papur Llafar, sef elusen leol ar gyfer y deillion.

Ro'n i'n gwbod ar y dechre nad 24 awr tawel, rhwydd fydde'r rhain, achos fe fydde tipyn o ganu a dawnsio a hwyl yn mynd yn ei flaen drwy gydol y nos yng nghwmni ffrindie a theulu. Fydde 'na ddigon o hwyl 'na, hyd nes bod yr un ola wedi mynd adre tua deuddeg o'r gloch. Ond ar ôl i bob un fynd adre, fe fydde'r noson yn gorfod cario 'mlaen a bydde'n rhaid i fi chware am ddeunaw awr arall!

Ar ddiwrnod yr her, fe fuodd tystion yn cadw cwmni i fi drwy'r holl amser i neud yn siŵr bo fi'n cadw at y rheolau, ac yn cael ambell funud fan hyn a fan draw i fynd i'r toilet a llyncu bwyd a diod. Fel allwch chi ddychmygu, roedd oriau mân y bore'n eitha anodd, ond roedd y cwmni'n help mawr. Safodd Ceinwen gen i hyd at wyth o'r gloch, ond roedd raid iddi fynd wedyn i briodas Gwenda Gwarffynnon ag Alun Troedrhiwgwinau yng nghapel Elim, Llanddeiniol. Ces inne wahoddiad yno hefyd, ond wrth gwrs, wnes i fethu mynd achos o'n i yng nghanol fy mherfformans. Dyna i chi gomitment!

Dwi'n credu bod Carol Blaencarrog wedi bod gyda fi drwy'r holl amser, ond wrth i'r dydd fynd yn ei flaen, roedd mwy o fynd a dod, ac roedd yn hawsach i fi gario 'mlaen wedyn. Un peth arall wnaeth fy helpu drwy'r sialens i gyd oedd neud yn siŵr fod fy nghefn yn pwyso yn erbyn y wal, fel bo fi'n gallu ymestyn ac ystwytho'n amal.

Yn y diwedd, pan gyrhaeddodd chwech o'r gloch nos Sadwrn, a falle 'chydig bach wedi hynny hefyd, ro'n i'n falch uffernol o gyrraedd diwedd y marathon. Fe ges i bryd go lew o fwyd ar ôl diweddu, a chyfle hefyd i ddathlu efo rhai o'n ffrindie i â gwydr o siampên – i ddathlu mewn steil, wrth gwrs. Wrth edrych 'nôl ar y sialens heddi, alla i weud yn onest wrthoch na fydden i am neud y math hynny o beth byth eto! Roedd unwaith yn ddigon.

Arwyddlunio – y ffordd ymlaen

Fe adawes i fy ngwaith yn y Llyfrgell Genedlaethol er mwyn cychwyn ar fy musnes fy hun yn neud arwyddion. Roedd wastad diddordeb wedi bod gen i mewn *signwriting* neu arwyddlunio. Fe ddysges i fy hun unwaith yn rhagor, dysgu sut i lawysgrifo llythrennau efo brwsh a phaent, ac rown i'n nabod llawer iawn o'r *fonts* a oedd ar gael o'r profiad ges i wrth argraffu. Ystyr ffont, gyda llaw, yw steil neu batrwm ar wahanol fath o lythyren ac mae 'na enwau diddorol ofnadw arnyn nhw, fel Bodoni, Old Style, Perpetua, Rockwell, Gill Sans ac yn y blaen. O ran diddordeb i chi, y ffont sy'n cael ei ddefnyddio yn y llyfr hwn yw Minion.

Cartre cynta Ceinwen a fi ar ôl priodi yn 1977 oedd ym Mronwydd, Llanfarian, tŷ wedi'i enwi ar ôl cartre mam-gu a thad-cu Ceinwen ym Mhenrhyn-coch. Pan werthodd 'Nhad y fferm ym Mrynyrychain, fe gadwodd e ryw ugain cyfer ar ôl, ac fe gawson ni ganiatâd i adeiladu tŷ ar y tir hwnnw. Fe fuodd Wil, tad Ceinwen, yn help mawr iawn wrth adeiladu'n cartre cynta, gan helpu gydag adeiladu'r septic tanc, hyd yn oed. Dwi'n cofio ni'n chwerthin tipyn ar ôl gorffen y tanc, wrth i Wil weud, 'Llenwith hwn fyth, achos 'sdim gwaelod iddo fe!' Rhyw ddwy flynedd yn ôl, yn rhyfedd iawn, fe dderbynies i alwad ffôn gan y fenyw sy'n byw ym Mronwydd heddi, yn dweud bod y tanc wedi llanw. O'r diwedd! Ro'n i'n falch o glywed bod e wedi para mor dda a'i bod hi wedi cymryd tua 36 mlynedd i'w lenwi. Roedd e wedi para'n go lew on'd oedd e? Yn y diwedd, fe ddaethon ni i ben ag adeiladu'r tŷ i gyd am ychydig llai nag £8,000. Ddelech chi byth i ben ag adeiladu tŷ am y pris 'na heddi!

Wrth i flynyddoedd olaf 'Nhad fynd heibio, fe fuodd e'n diodde o glefyd Parkinson's, ac roedd yn ei chael hi'n anodd iawn i ymdopi. Roedd Mam yn fy ngalw'n amal i fynd draw i Degfryn ganol nos, a chysgu yno hefyd ambell waith, er mwyn ei helpu gyda'i anabledd. Roedd hyn yn gyfnod eitha anodd i bawb. Roedd y berthynas â 'Nhad yn wahanol i Mam a hi oedd y ffefryn gen i, mae'n rhaid i mi gyfadde. Ond roedd yn ddyletswydd arna i i'w helpu ac o'n i'n falch i neud wrth gwrs. Salwch rhwystredig a thrafferthus yw Parkinson's, ac roedd yn biti gen i weld dyn mor gryf ac annibynnol nawr yn methu. Yn rhyfedd iawn, mae'n bosib taw'r cyfnod yma dynnodd 'Nhad a finne'n agosach at ein gilydd. Mewn rhyw ffordd eitha rhyfedd, dwi'n diolch am yr amser hyn gafon ni.

Ar ôl i 'Nhad farw yn 1982, fues i ac Aeron, brawd Ceinwen, yn cadw defaid ar y tir tu ôl i Fronwydd am ychydig o flynyddoedd. Adeilades i sied weddol o seis yn y cae ar gyfer wyna, ac roedd yn gyfleus i fi fynd bob dydd a nos i'w gwarchod. Fe ddes i ben â thynnu sawl oen yn eu tro. Cofiwch, dyw cadw defaid ddim yn rhwydd, credwch chi fi. Roedd 'na ddafad yn sâl mewn sied tu ôl i'r tŷ un noswaith, ac wrth fynd i'r cae y bore wedyn, alwes i heibio iddi i gael gweld shwt oedd hi, ac roedd ar ei heistedd, a heb edrych yn rhy fanwl, wedes i wrthi, 'Wel, wyt ti 'ma heddi to.' 'Mlaen â fi i fyny'r cae at y gweddill. Ond pan ddes i 'nôl fe wedodd Ceinwen wrtha i fod y ddafad yn stiff ac wedi hen fynd. Allen i dyngu ei bod yn fyw, achos roedd hi ar ei heistedd. Twpsyn! Ac fe allwch chi ddychmygu, fe fuodd pawb yn chwerthin ar fy mhen wedyn am ddiwrnode 'mod i wedi bod yn siarad â dafad drig.

Aeron fydde'n gofalu ar ôl y defaid gan amla, yn torri eu hewinedd, tocio, doso a'u cneifio, ac fe weithiodd y bartneriaeth yn iawn rhyngddon ni'n dau am flynyddoedd. Roedd Aeron yn dwlu ar anifeiliaid, fe brynodd hanner dwsin o wydde, a gofynnodd i ni os galle fe eu cadw ym Mronwydd am fod digon o le iddyn nhw bori yn y cae gerllaw. Ro'n i'n cadw llygad ar y defaid bob bore a nos beth bynnag, felly doedd hi ddim yn broblem cael ychydig o wydde yno hefyd. Ond un nosweth oer yn y gaeaf, cyn iddi dywyllu, fe weles i fod dwy o'r gwydde wedi hedfan i mewn i'r twba dŵr, fel petai rhywbeth wedi'u cynhyrfu, a'u bod nhw'n methu â dod allan. Roedd un ohonyn nhw'n iawn ond roedd y llall wedi oeri cymaint nes bod yn rhaid i fi ddod â hi i'r tŷ i'w chynhesu. Ar ôl ei sychu hi, roion ni hi yn yr *airing cupboard* am y nos. Erbyn y bore, roedd wedi gwella'n llwyr. A dwi'n siŵr ei bod yn ddiolchgar iawn, achos doedd hi ddim hyd yn oed yn chwythu arnon ni o hynny ymlaen. Dyna beth sydd eisiau 'i neud pan gaiff gŵydd hypothermia, hwpo hi mewn i rywle twym.

Erbyn heddi, prif waith Aeron yw cadw a bridio geifr. Mae ganddo fe lawer ohonyn nhw, ac mae'n brysur iawn yn cystadlu ac yn barnu mewn sioeau ar hyd a lled y wlad. Mewn gwrthgyferbyniad llwyr wedyn, mae hefyd yn arbenigwr answyddogol brwd ar y sioeau byd-enwog, *Miss World* a'r *Eurovision Song Contest*, achos mae e'n eu gwylio nhw bob blwyddyn yn ddi-ffael. Dy'n ni ddim yn dwlu ar yr un pethe, nag ydyn? Diolch byth.

Ym Mronwydd, felly, ddechreuodd fy nghwmni cynhyrchu arwyddion, ac fe gynyddodd y galw amdanyn nhw'n sylweddol. Ymhlith y cwsmeriaid oedd gen i roedd adeiladwyr, ymgymerwyr, siopau, busnesau, cerbydau masnach ac ati. Ro'n i'n gweithio pob awr oedd gen i. Cymaint oedd y galw yn y diwedd nes i fi sylweddoli bod ein cartre cynta yn Llanfarian wedi mynd yn rhy fach i'r math o beth ro'n i'n 'i neud. Doedd dim digon o le 'da fi i neud y gwaith i gyd. Yn y diwedd, roedd yn rhaid anfon cais i adran gynllunio'r cyngor sir i ymestyn maint y garej, ond roedd rhai o'r cymdogion yn erbyn hyn. Felly, roedd yn rhaid neud penderfyniad. Doedd dim dewis arall efo ni, os o'n ni am neud i'r busnes lwyddo, bydde'n rhaid symud. Ac fe symudon ni o Fronwydd 'nôl i'r hen gartre, sef Tegfryn, neu, a rhoi'r enw gwreiddiol arno, sef 'Spite' yn Llanddeiniol.

'Nhad oedd wedi penderfynu newid enw'r tŷ i Tegfryn, gan nad oedd yr enw Spite yn enw neis iawn yn ei farn e. Ond mae ystyr Spite yn ddiddorol, serch hynny. O be dwi'n ddeall, mae'r enw Spite yn deillio o'r gair *hospitium* sef rhywle i orffwys. Yn yr achos hwn, safai'r tŷ ar ymyl ffordd y pererinion ac mae'n siŵr fod mynachod wedi bod yn teithio ar hyd y ffordd honno wrth fynd o Abaty Ystrad-fflur i Dyddewi, gan aros yno i gael lloches dros nos. Roedd hwnnw'n ddisgrifiad neisach o'r lle yn 'y marn i.

Roedd y gwaith cynhyrchu arwyddion yn mynd â fi i bob cwr o'r sir a thu hwnt. Er bo fi ddim wedi bod ar yr hen Ffyrgi fach ers byw ym Mrynyrychain pan o'n i'n blentyn, fe wnes i brynu Ffyrgi arall pan o'n i 'nôl yn byw yn Spite. Fe brynes i'r tractor yng Nghapel Dewi ger Llandysul, ac roedd 'na *mill loader* yn sownd iddo fe, a blocyn mawr o goncrit y tu ôl, er mwyn dala'r pwyse. Roedd yr hen Ffyrgi'n gweithio'n iawn, doedd e ddim wedi cael 'i atgyweirio na dim byd fel 'na. Ond roedd digon o waith iddo ambyti'r lle yn Spite, ac fe ges i ddefnydd da mas ohono fe i glirio 'bach o'r tir, ac i gario swnd a baw a phridd a phethe fel 'na. Ro'n i'n meddwl y byd o'r hen Ffyrgi fach. Ond yn anffodus, gorffes i werthu'r hen Ffyrgi cyn i ni adael Spite am y tro diwetha. John, mab Dai Jones, y ffermwr a'r darlledwr o Lanilar, brynodd y tractor bach. Ydy e'n dal 'da fe heddi? Dwi ddim yn gwbod. Oes, mae lle arbennig i'r hen Ffyrgi fach yn 'y nghalon, a tase hanner cyfle'n dod, brynen i un arall rywbryd eto.

Un tro, fe ges i waith yn neud a gosod arwydd ar lori i gwmni cludo Donald Jenkins, Felin-fach. Roedd y lori'n sefyll mewn sied gerllaw, yn fferm Brynog, Ystrad Aeron. Bydde angen tua dau ddiwrnod arna i i ddod i ben â'r gwaith. Cyn diwedd y dydd, roedd fy mola yn dechre teimlo'n dost ond fe garies i 'mlaen am gwpwl o oriau, ac yna fe aeth y boen yn waeth. O'n, ro'n i am fynd i'r tŷ bach, yn saff i chi, ond doedd dim unman ar gael yno, oedd e? Ar ôl edrych ym mhobman am rywle i neud 'y musnes, fe ges i afael mewn bwced a thamed o bapur newydd.

A dyna ni, gwaredigaeth o'r eitha! Roedd e'n dipyn o ryddhad, coeliwch chi fi. Fe es i 'nôl at y gwaith wedyn am sbel, a phan ddaeth hi'n amser i fi fynd adre, es i â'r bwced a'i gynnwys adre a'i waredu mewn clawdd yn rhywle. Yna'r bore wedyn, fe ddes i 'nôl â'r bwced i'r fferm, yn wag y tro hwn ac wedi'i olchi, heb i'r perchennog wbod beth oedd wedi digwydd i'w fwced y diwrnod cynt. Es i 'nôl wedyn i gario 'mlaen a diweddu'r gwaith o baentio'r lori. Hyd y dydd heddi, dwi ddim yn credu fod Donald yn gwbod y buodd ei fwced yn achubiaeth i fi ac iddo fod ar ei wylie yn tŷ ni am nosweth … os na ddarllenith e'r hanes yn y llyfr ma, hynny yw.

Gof Tal-sarn

Yn yr wythdegau a'r nawdegau ro'n i'n ffrindie mawr â'r teulu Price, Tal-sarn, a hefyd y diweddar John Price, y gof o fri, sef brawd Gwilym Price y trefnwr angladdau o Lanbed. Ro'n ni'n cael llawer iawn o sbort efo John Price a'i fab, Dai, ond roedd John Price, neu Jac fel roedd pawb yn ei alw fe, yn geidwadwr mawr a finne wedyn yn bleidiwr, felly roedd yna lawer iawn o dynnu coes, fel allwch chi ddychmygu. Un diwrnod, roedd angen uchelseinydd ar John Price ac fe ofynnodd i fi am fenthyg un i fynd o amgylch y wlad i ganfaso adeg y lecsiwn. Fe gytunes i roi'r ampliffeier iddo ond fe sgwennes i nodyn ar yr amp a hwnnw'n datgan, 'I'r Ceidwadwyr – On Hire from Plaid Cymru,' ac fe chwarddodd am ddiwrnode ar ôl hynny. Ond cofiwch, fe wnele John gymwynas â ni bob amser, yn rhad ac am ddim, a ninne'n neud yr un modd iddo ynte hefyd.

Un Nadolig, fe gafodd Jac anrheg go arbennig ganddon ni, sef pâr o slipers ag wyneb Maggie Thatcher ar ben blaen y ddwy droed. Roedd y slipers yn bethe rhyfedd, ac a dweud y gwir roedd gweld hen wep y Fenyw Haearn yn danso ar flaenau traed Jac Price yn eitha peth i'w weld, ac roedd e wrth 'i fodd efo nhw. Fe ddaeth cyfle i ni'n dau gydweithio ar un adeg achos fe ofynnodd i fi neud cynllun iddo fe fel bod y llythrennau 'RWAS' y *Royal Welsh Agricultural Society* yn medru cael eu darllen yn gywir ar ddwy ochr o fewn darn o wydr. Fe fydde'n gyfrifol am y gwaith metel, ac ar ôl oriau o gynllunio, fe lwyddon ni i greu darn trawiadol iawn. Mae'r gwaith i'w weld nawr yn Swyddfa Cymdeithas Amaethyddol Frenhinol Cymru ar safle Sioe Frenhinol Cymru yn Llanelwedd. Mae'n braf cael cadw mewn cysylltiad â theulu'r Price o hyd. Erbyn hyn, dwi'n dad bedydd i wyres John, sef Lowri, ac mae Ceinwen yn fam bedydd i Ffion, wyres arall iddo.

Cyn i ni briodi, aethon ni ar wylie un tro gydag Ogwen, merch John Price, a'i gŵr ar y pryd, Gareth. Roedd ganddyn nhw garafán, ac ro'n ni wedi dewis mynd gyda nhw am y tro cynta erioed, a hynny yr holl ffordd i'r Alban. Fe stopiodd y car a'r garafán y tu fas i Degfryn i 'nghodi i a 'mhethe. A dyma Mam druan yn gofyn wrth Ogwen, yn Saesneg, 'Tell me, Ogwen, what are the sleeping arrangements?' Atebodd Ogwen hi, 'Ceinwen and I will sleep in the bed in the caravan, and Bryan and Gareth will be in the awning.' Meddwl amdana i oedd Mam, wrth gwrs, ac roedd hi wedi paco pyjamas yn fy nghês ond wisges i ddim o'r pyjamas, na gweld yr adlen chwaith. Ar ôl galw ym Mhenrhyn-coch i godi Ceinwen, i ffwrdd â ni'n pedwar i'r Alban gan alw yn Gretna Green yna mynd heibio i Loch Ness ac Inverness. Wrth deithio am y gogledd ar hewl unig iawn i Oban, pwy gwrddon ni, yng nghanol y mynyddoedd, ond neb llai na thri o Geredigion – Alwyn y Bysys o Landdewibrefi, Eifion Crown Stores, Llanbed, ac Alan y Barbwr o Lanbed hefyd! Na, dyw hi ddim yn saff mynd i unman, achos 'sdim dal pwy welwch chi. Fe gawson ni lawer iawn o sbort yn yr Alban am wythnos yng nghwmni'n gilydd, cyn galw 'nôl ym Morecambe ar y ffordd adre.

Ry'n ni wedi neud ein siâr o deithio, Ceinwen a finne. Aethon ni i'r Motor Show yn Earls Court yn Llundain yn yr wythdegau, a'n cwmni ni ar y daith honno oedd Dai Price a'i wraig Carol, sef mab a merch yng nghyfraith John Price, Tal-sarn. Ro'n i am fynd â briffcês gyda fi er mwyn casglu'r holl *brochures* ceir y bydden i'n eu gweld achos ro'n i'n dwlu ar ddarllen trwy'r rheiny. Felly, off â ni i Aberystwyth, ac ar y trên yr holl ffordd i Lundain. Ro'n i mewn cwmni da, ac yn llawn hwyl.

Wn i ddim a odych chi wedi sylwi erioed wrth deithio ar drên sy'n llawn o gomiwtyrs – yn Lloegr yn fwy nag unman – maen nhw'n gwisgo siwtie tywyll, ac yn cario briffcesys; wedi iddyn nhw ffindo sedd wrth fwrdd ac eistedd lawr maen nhw'n agor eu briffcês, yn tynnu laptop allan i neud gwaith ac yna maen nhw'n sownd i'r sgrin … am oriau. Weles i ddim pobol mor ddiflas erioed, neb yn dweud dim wrth neb. Wel, dyna i chi'n gwmws beth ddigwyddodd ar y diwrnod y penderfynon ni fynd i Lundain. Roedd sawl un ohonyn nhw'n eistedd yn yr un *carriage* â ni, a dweud y gwir – roedd y peth mor ddwl, fe ddechreues i acto'r ffŵl a gofyn i Dai oedd yn eistedd ar 'y mhwys i, 'Wyt ti ise i fi agor y brîffcês 'ma fel maen nhw'n 'i neud?'

'Ie, iawn, clatsia bant,' oedd ateb Dai, gan amau braidd beth oedd ar fin dod allan o'r cês. Dyma fi'n agor y briffcês yn araf iawn, a beth ddaeth allan – nid laptop – ond pastai datws fawr a chyllell a fforc i'w bwyta hi. Dwi ddim yn mynd unman heb gyllell a fforc, rhag ofan daw cyfle am damaid i'w fwyta. Ma pobol eraill yn cario arian gyda nhw bob tro, rhai yn mynd i bobman gyda cherdyn credyd yn eu poced ac eraill byth yn gadael y tŷ heb ffôn symudol. Ffyliaid bob un ddweda i, cyllell a fforc yw'r pethe angenrheidiol i fi, heb os.

Ta beth, 'nôl at y bastai, Ceinwen oedd wedi neud y bastai i ginio i'w thad fel diolch am warchod y plant, ond nawr roedd

hi ar y trên gyda fi ac roedd hi'n edrych yn flasus iawn hefyd.
Wel, fe chwarddodd pob un ohonon ni am ryw hanner awr wedi
hynny ac fe fethon ni'n lân â bwyta'r un darn am sbel. Cofiwch
chi, doedd neb arall yn chwerthin, roedd pob un yn rhy brysur
gyda'i laptop, dyna ddiflas. 'Nes i hyd yn oed gynnig darn i un
o'r bobol ddiflas mewn siwt, gan weud, 'Excuse me, sir, would
you like a piece of pie?' Ches i ddim ateb oddi wrth hwnnw o
gwbwl.

'Mlaen â ni i Lundain, ac i Earls Court. Roedd y trefniadau
diogelwch yr adeg honno'n eitha llym a gorfod i fi agor y
briffcês o flaen swyddog diogelwch surbwch. Roedd e'n ofni
bod bom y tu mewn iddo fe, ond o'n i'n gwbod gwell, wrth
gwrs – dim ond gweddillion pastai tatws oedd yno. Fe wnaeth
y bastai fwy o argraff arnon ni na'r Motor Show y flwyddyn
honno.

Bywyd yn Spite

Roedd bywyd yn Spite yn dda, ac ro'n i'n joio mas draw cael bod yno, yn rhedeg y busnes o greu a gosod arwyddion. Roedd 'na gymdogion da gyda ni, a phawb yn helpu'i gilydd pan oedd angen. Dwy fferm gyfagos i ni yn Spite oedd Pencwm-mawr a Phen-y-graig. Fe fydden i a'r teulu'n mynd at fy nghefnder, Idwal Jones, ym Mhencwm-mawr, lle fydden ni'n helpu wrth y cneifio ac yn neud yr un job bob tro sef lapio gwlân – dwi ddim wedi cneifio'r un ddafad erioed. Bydden ni wedyn yn helpu i garthu ar bnawn Sul, fel bod Idwal yn gallu dod gyda fi i'r gymanfa ganu y noson honno. Roedd e hefyd yn organydd da ac yn hoff iawn o ganu.

Dai a Lisi Lewis a'u mab William oedd yn ffermio Pen-y-graig, a bydden i bob blwyddyn yn eu helpu nhw efo'r cynhaea gwair gan stacio bêls a'u llwytho ac yna eu rhoi nhw yn y tŷ gwair. Do'n i ddim yn hoff iawn o weld yr escalator yn cael ei iwso achos roedd y bêls yn fy nghyrraedd yn rhy glou, ac ro'ch chi'n gorfod llwytho'r treiler i siwto hwnnw, a gadael lle iddo tu ôl i'r treiler hyd at y diwedd. Ond pan fydde'r bêls yn cael eu taflu i fyny â llaw, roedd mwy o amser ar gael i'w llwytho nhw'n deidi. Allwch chi fentro'ch pen wedyn, os oeddech chi ar ben llwyth treiler, chi fydde ar ben y dâs yn y tŷ gwair hyd nes bo chi'n cyrraedd pen ucha'r to. Dyna lle roedd hi'n anodd, yn gosod bêls yn eich cwrcwd, yn chwys drabŵd, ac yn magu syched trybeilig. Oedd, roedd yn dda gen i weld diwedd tymor y gwair hefyd. Ond roedd cael gweithio tu allan yn yr awyr agored yn brofiad braf a iachus, serch hynny. Weithie, bydden i'n diweddu'n gynt, mynd adre i newid a golchi, a brysio i rywle wedyn i chware'r organ yn y nos. Ble ges i'r nerth i fyw dau fywyd mewn un diwrnod, dwi ddim yn gwbod, ond ro'n i'n ifanc bryd hynny, chi'n gweld.

Roedd teimlad o fyw mewn cymuned gadarn Gymreig yn bwysig iawn i fi, a chael cymdogion da yn ychwanegu at y profiad o fyw'n hapus yn eich bro. Ond ambell waith, ac mae'n rhyfedd iawn deall hyn, wrth i ni helpu rhywun, weithie fe fydde'n waeth arnon ni ar ddiwedd y dydd am ein bod ni wedi neud cymwynas yn y lle cynta. Dwi ddim yn cyfeirio at y cymdogion fan hyn, cofiwch – sôn ydw i am brofiad ofnadw gawson ni fel teulu un diwrnod ar ôl bod yn y dre yn Aberystwyth i hôl neges. Dim ond am ryw awr a hanner fydden ni wedi bod o gartre, ar y mwya, ond cyn gadael Aberystwyth am adre, fe gwrddon ni â ffrindie o Lanfarian, sef Llew Greenways a'i wraig, Janet. Ro'n nhw mewn tipyn bach o bicil, achos ryw ffordd neu'i gilydd, ro'n nhw wedi cloi eu hunain allan o'r tŷ, ac yn methu'n lan â mynd 'nôl i mewn. Dyma fi a Ceinwen yn eu helpu nhw, drwy gynnig galw yn eu cartre ar ein ffordd adre, a cheisio torri i mewn i'r tŷ drwy ffenest fach yn y cefn. Fe ddes i ben â hynny, ac agor y drws iddyn nhw, ac ro'n nhw'n ddiolchgar iawn am yr help roion ni iddyn nhw. Roedd Ceinwen a finne'n falch iawn o'n hunain hefyd am neud cymwynas â nhw. Ond fydden ni ddim yn para i deimlo'n hapus am yn hir achos pan gyrhaeddon ni adre a ninne wedi bod allan am yn hirach nag oedden ni wedi bwriadu, wrth droi mewn ar hyd y lôn i wynebu'r tŷ, fe aeth ryw arswyd iasol trwyddon ni i gyd. Trwy ffenestri gwydr y drws ffrynt, fe welon ni fod llawer iawn o eitemau wedi cael eu taflu ar hyd llawr y cyntedd, ond roedd y drws ffrynt yn dal i fod ar glo. Wrth edrych yn fwy manwl, roedd y drws patio yn y cefn wedi cael ei fforso ar agor, a wir i chi, fe ddaeth hi'n amlwg i ni fod lladron wedi torri mewn i'n tŷ ni.

Roedd annibendod ym mhob stafell, gyda llunie a phapure ar y llawr, a phob drôr ar agor. Yn rhyfedd iawn, roedd y jygie, yr ornaments a'r dodrefn i gyd yn dal yno, a doedd dim byd wedi'i dorri chwaith. Ymhlith y pethe oedd wedi cael eu dwyn oedd gemau'r plant, camera a pheiriant recordio, ond wnaeth y lladron ddim llwyddo i gael gafael ar yr arian ro'n ni wedi'i gwato – na, roedd hwnnw'n ddigon saff, diolch byth. Un peth halodd fi'n grac oedd bod un o'r lladron wedi neud ei fusnes ar dop y stâr. Yn ôl yr heddlu, mae'n debyg mai dyna beth mae lleidr yn dueddol o'i neud os bydd e wedi cael 'i ddistyrbo, achos, diolch i'r drefn, wnaeth ein ffrind ni, Caroline Ffospilcorn, ddigwydd galw heibio, a tharfu arnyn nhw, ond heb sylweddoli 'u bod nhw yno.

Gyda thipyn o lwc, daliwyd y diawled erbyn diwedd y nos, a hynny gan yr heddlu a'r hofrenydd, yn Llanrhystud. Mae'n debyg taw dau ddyn ac un ferch o Abertawe oedd wedi bod wrthi'n neud annibendod yn y tŷ. Mae'n siŵr bo nhw wedi cymryd 'u siawns ar ein cartre ni o weld bod pobman yn dywyll, ac yna, wedi mynd 'mlaen i drial neud yr un peth tuag at Aberystwyth. Beth yw maint y gosb mae lladron fel hyn yn ei gael, ac ystyried y loes maen nhw'n rhoi i'r bobol maen nhw wedi'u heffeithio? Ro'n ni'n teimlo bod mwy na dim ond pethe wedi cael eu dwyn y diwrnod hynny. Roedd y dihirod yma wedi damsgen arnon ni, ac ar ein bywydau ni hefyd. Fuodd yr achos llys yn dilyn y lladrad ddim am rai misoedd wedyn. A

phan ddaeth yr amser o'r diwedd, fe fuodd yn rhaid i Ceinwen
a finne deithio 'nôl o'r Sioe Fawr yn Llanelwedd i Hwlffordd
er mwyn bod yn bresennol yn y llys, gan bo fi wedi bod yn
chware'r organ yn y sioe yr wythnos honno.

Mae'r cwbwl yn jôc i gyd, on'd yw e? Ry'ch chi'n helpu
rhywun un funud, ac ar yr un pryd yn ddiarwybod i chi, mae
rhywun yn dwgyd eich eiddo! Y sarhad mwya, ar ben y cwbwl
hyn i gyd, oedd cosb y lladron. Dwi ddim yn cofio'n gwmws
beth gafodd y ddau ddyn, ond ni roddwyd cosb o gwbwl i'r
ferch fuodd yn helpu efo'r lladrad. Pam, meddech chi? Am ei
bod hi'n cario babi ar y pryd. Ro'n ni'n lwcus iawn i beidio
â cholli dim byd gwerthfawr yn y digwyddiad. Yr unig beth
gawson ni ar ôl yr annibendod adawyd ar ôl, oedd siom fawr
o feddwl bod rhywun wedi bod yn ein tŷ ni, yn twrio drwy'n
pethe ni. Mae'r Sais yn dweud, 'One good deed deserves
another,' ond nid fel'na fu hi y tro hwnnw wrth i ni helpu
rhywun arall. Odi wir, mae'r byd mae'n rhyfedd iawn ambell
waith.

Dwi'n falch o weud mai dyna'r unig dro i ni gael diflastod
fel 'na drwy gydol ein hamser yn Spite. Atgofion melys sydd
gen i o weddill ein cyfnod ni yno. Ma ambell i atgof yn fwy
melys na'i gilydd ac ambell i ddigwyddiad cofiadwy yn dal
i oglais yr ymennydd. Beth meddech chi yw'r gwahaniaeth
rhwng parti a noson lawen? Wel, bron bob blwyddyn yn y
nawdegau, rhwng y Nadolig a'r flwyddyn newydd, tra'n bod
ni'n byw yn Spite, fe fuon ni'n cynnal partïon a oedd yn
nosweithiau llawen iawn a dweud y lleia.

Doedd rhain ddim yn bartïon cyffredin ac roedden nhw'n
fwy na nosweithiau llawen, fel y bydde llawer iawn o'r rheiny
fuodd yn y partïon yn gallu tystio. Fe fydde Ceinwen wedi neud

yn siŵr bod digon o fwyd a diod i bawb ar y noson. Roedd
gwaith paratoi ofnadw'n mynd i drefnu'r nosweithiau. Tra
bydden ni wrthi'n trefnu'r nosweithiau, bydde Ceinwen a fi jyst
mor ddwl â'n gilydd, cofiwch – roedden ni'n joio gymaint.
Sai'n credu 'mod i am fanylu gormod ar y digwyddiadau,
achos weithie bydde pethe'n mynd yn draed moch ond fe
fydde'r noson yn dechrau'n weddol deidi gydag ambell i gêm
fel *musical chairs*, ac ychydig o eitemau gen i ar yr organ, wrth
gwrs. Roedd partïon Spite yn achlysuron i'r hen a'r ifanc, o
bedair oed i bedwar ugain oed. Bydde teuluoedd cyfan yn dod
i'r partïon ac roedd yn rhaid sicrhau bod y plant yn hapus ac
yn cael eu diddanu hefyd. Roedd pobol yn gwisgo lan mewn
dillad o bob math. Wrth i'r noson fynd yn ei blaen, bydde mwy
o ddwlu'n digwydd; mwy o yfed, bwyta a gêmau fel *musical
statues* a Twister yn troi'n fwy gwyllt. Bydde gêmau fel dyfalu
pwy oedd yn eistedd o'ch blaen, a chithe â mwgwd dros eich
llygaid, roedd gêmau hefyd fydde'n defnyddio pethe fel cnau a
chyrents a bananas hyd yn oed. Ond weda i ddim rhagor am y
gêmau hynny …

Fel arfer cyn diwedd y parti, fe fydden ni'n neud y 'boat
song'. Ond nid dawns oedd hon – bydde pawb, bechgyn,
merched, dynion a menywod, yn iste mewn rhes ar y llawr
tu ôl i'w gilydd, ac yn rocan o un ochr i'r llall, gan ganu cân
enwog Rod Stewart 'I am Sailing'. A doedd hi'n ddim syndod y
bydde'r 'cwch' yn capseiso'n amal iawn gyda'r holl ddwli oedd
yn digwydd.

Cyn diwedd y noson hefyd, bydde'n rhaid neud dawns
y Conga o gwmpas y tŷ ac fel y bydde rhai ohonon ni'n
dechrau blino, bydde mwy o ganu'n digwydd eto efo'r organ
a'r acordion, a bydde hyd yn oed y cŵn, y cathod a'r cocatîl

yn ymuno mewn yn yr hwyl. Pan fydde hi'n amser i roi'r ffidil
yn y to go iawn ar y parti, bydde sawl un yn ymuno i dacluso
a glanhau, achos bydde 'na lanast ofnadw erbyn hynny. Parti
gwerth ei alw'n barti, weden i. Tra bo Ceinwen wrthi efo'r
hwfyr am gwpwl o oriau, am ei bod hi mor barticiwlar am
gadw'r tŷ'n lân, fe fydden i'n dal i chware'r organ.

Mae'n rhaid cael hwyl ac mae'n bwysig chwerthin. Mae
ganddon ni lunie o'r partïon gwyllt yn Spite ac mae'n braf gallu
hel atgofion am y dyddie difyr hynny. Beth *oedd* ein plant ni'n
meddwl am yr holl rialtwch, a'n gweld ni'n bod yn ffyliaid
dienaid, meddech chi? Wel, a dweud y gwir, dwi ddim yn
gwbod, ond dydw i ddim yn credu y gwnaeth e unrhyw ddrwg
iddyn nhw.

Ar ôl i fi feistroli'r organ, fues i'n ddigon ffodus o gael canu'r
organ mewn sawl lleoliad sanctaidd. Bues i'n helpu yn eglwysi
Llanychaearn, Figure Four yn Llanfarian, Eglwys St Ioan,
Penrhyn-coch, ac wrth gwrs, fues i'n canu'r organ yn Eglwys
Llanddeiniol am tua deng mlynedd ar hugain.

Ond nid dim ond canu'r organ oedden ni, fe fydden i'n troi'n
llaw at bethe ymarferol hefyd. Fel pob eglwys, mae Eglwys
Llanddeiniol yn cael ei harchwilio bob pum mlynedd gan y
Ddeioniaeth, ac roedd wastad gwaith cynnal a chadw i'w neud
yno. Tua diwedd yr wythdegau, roedd raid adfer tŵr yr eglwys,
gan gynnwys ailbwyntio'r gwaith cerrig, ailosod y cerrig ar ben
y tŵr, a neud yn siŵr fod y gloch yn gorwedd yn ddiogel ac yn
gweithio'n iawn. Mae 'na gloch arall hefyd yn ei hymyl sydd
ychydig yn llai o faint, daeth o'r hen ysgol, pan gaewyd hi ar
ddiwedd y pumdegau. Y tro cynta i fi ac Owain, y mab, fynd i
fyny'r tŵr, er mawr syndod i ni, fe welon ni fod yr ail lawr yn
llawn hyd at y top o frigau mân mwy na thebyg mai'r brain neu

jac-y-dos oedd wedi cario'r holl annibendod i mewn. Buon ni
wrthi wedyn am ddiwrnode yn clirio, ac roedd yn rhaid taflu'r
cwbwl lawr drwy'r hatshys yr un ffordd a ddaethon ni lan, yna
roedd raid clirio popeth o lawr yr eglwys. Am greaduriaid bach,
fe nethon nhw dipyn o job.

O bryd i'w gilydd yn ystod y flwyddyn, bydde'r eglwys yn
cynnal gweithgareddau, a 'nôl yn 1984, fe drefnon nhw noson
o ddawnsio mewn sgubor ar Fferm Ffospilcorn, yng ngwaelod
Cwm Carrog, rhwng Llanddeiniol a Llanrhystud. Roedd y
ficer, J. R. Jenkins, yn dweud storïe ysbrydion, ac roedd llawer
iawn o aelodau'r Eglwys yn ogystal â rhai o drigolion yr ardal
wedi dod i gefnogi. Dennis Morgan oedd yn gyfrifol am yr
adloniant, a hefyd Tony Jones, ie, y Tony o'r ddeuawd enwog,
Tony ac Aloma. Roedd yn achlysur cymdeithasol, llawen iawn
i bawb oedd yno, gyda digon o fwyd a rhywbeth bach i'w yfed.
Gormod i fi, falle, achos erbyn diwedd y noson, roedd yn rhaid
clirio, a dyma fi'n dringo coeden fach er mwyn datgysylltu plyg
trydan '4 in 1'. Ond, dod lawr yn fy hyd wnes i, a chwmpo i'r
ddaear fel sach o datw, a thorri asen yn y fargen. Ew, fuodd e'n
dost am ddiwrnode wedi hynny. Do'n i ddim yn gallu dreifo ar
ôl y cwdwm chwaith ond fe wellodd yn berffeth, a ches i ddim
trwbwl wedyn. A dweud y gwir wrthoch chi, dyna'r unig dro
i fi gael anffawd fel 'na, trwy lwc a bendith. Bob tro fydda i'n
ymweld â Des a Caroline Moore, Ffospilcorn, mae'r goeden
'na'n fy atgoffa o'r cam gwag gymeres i'r noson honno.

Roedd Spite yn lle delfrydol i gynnal busnes fel Arwyddion
Spite Signs. Roedd y lleoliad reit ar ben yr hewl, ac o fewn
cyrraedd tre Aberystwyth, mewn munudau. Roedd popeth
yn mynd yn iawn, yn mynd yn dda. Oedd, roedd 'na ddigon
o waith ar gael, ond dim digon o oriau yn y dydd yn amal

iawn. Yn y diwedd, fuodd yn rhaid i ni fuddsoddi mewn offer cyfrifiadurol er mwyn neud yr arwyddion yn gyflymach. Ond mae bywyd yn taflu pob math o rwystre i'ch cyfeiriad chi. Yr ofan mwyaf sy gan ddyn mewn busnes yw pobol sy'n hwyr yn talu, neu ddim yn talu o gwbwl. A digwyddodd hynny i fi sawl gwaith, falle do'n i ddim ddigon strict efo nhw. Mae'r llif arian neu'r *cash flow* yn holl bwysig os y'ch chi'n rhedeg busnes eich hun.

Fe ddaeth y dirwasgiad wedyn ac wrth gwrs doedd hwnnw'n dda i ddim i neb. Fyddelies i wedyn am rywbeth arall i gydredeg efo'r busnes arwyddion, sef 'Ffotosgleinio', neu *photoglazing*, yn Saesneg. Fe ddaeth hwnnw'n *sideline* eitha da, lle fydden i'n gosod llun gwreiddiol o unrhyw beth oedd wedi cael ei dynnu efo camera, ar blat neu ddarn o grochenwaith pwrpasol, a wedyn yn ei orchuddio efo sglein arbennig. Roedd y math yma o gynnyrch yn gwerthu'n dda, yn arbennig mewn sioeau a ffeiriau. Ond, mewn ychydig amser, daeth system newydd allan, yn defnyddio cyfrifiaduron unwaith eto. A dyna i chi enghraifft o dechnoleg yn mynd heibio ni unwaith yn rhagor. Cafodd y peiriant ffotosgleinio, oedd fel newydd, ei ddisodli, a dyna ddiwedd ar y busnes ffotosgleinio. Mae mor anodd cadw i fyny efo'r datblygiadau newydd o hyd, ac fe fydde'r gystadleuaeth rhyngddon ni â chwmnïe eraill efo offer mwy diweddar yn creu problemau hefyd. O bryd i'w gilydd, mae grantiau a chymorthdaliadau yn mynd a dod, ond dderbynion ni'r un ohonyn nhw, ac fe dreulion ni oriau'n trial datrys y problemau ariannol oedd yn ein hwynebu ni.

Felly, yn 1996, fe benderfynon ni roi'r gore i fusnes yr arwyddion, yn llawn amser beth bynnag, a mynd i redeg Tafarn y Drovers yn Ffarmers, ger Llanwrda, sir Gaerfyrddin.

Arallgyfeirio

Mae Tafarn y Drovers yng nghanol pentre Ffarmers ger
Llanwrda, sir Gaerfyrddin. Y gantores Shân Cothi sy wedi
rhoi'r pentre ar y map, am wn i, gan iddi gael ei magu yno.
Mae'r pentre ar hen ffordd Rufeinig Sarn Helen, ac roedd y
porthmyn yn mynd heibio'r pentre 'slawer dydd wrth fynd â'u
da i'r marchnadoedd yn Lloegr.

Roedd mynd i redeg tafarn yn dipyn o fenter i ni ar y pryd.
Erbyn hynny, roedd teulu ifanc 'da ni i'w gynnal hefyd, ac
roedd yn rhaid i'r plant ieuenga newid ysgol. Aeth ein bechgyn,
Eben ac Owain, i Ysgol Uwchradd Llanbed; Lisa, ein merch
ieuenga welodd y gwahaniaeth mwya wrth ddechre yn ysgol
fach Ffarmers, gyda dim ond pymtheg o blant yno. Pum merch
– a deg bachgen! Ond fe setlodd yno'n rhwydd, mae'n rhaid
dweud, gan fwynhau ei chyfnod hi yno mas draw.

Roedd rhedeg tafarn yn rhywbeth ro'n i a Ceinwen wastad
wedi ise'i neud. Tase rhywun wedi dweud wrthon ni ar y pryd i
beidio â mentro i fynd 'na, achos nad oedd e'n talu'i ffordd, dwi
ddim yn meddwl y bydden ni wedi gwrando arnyn nhw ta beth.
Fydden i'n mynd mor bell a dweud 'i fod e'n rhywbeth ro'n ni'n
dau'n teimlo roedd yn *rhaid* i ni 'i neud. Ro'n ni'n 'i weld e fel
rhywbeth alle weithio'n gymdeithasol, o ran y penwythnosau'n
benodol. Gallen i fod yn diddanu ar yr organ ar nos Sadwrn, tra
bod cwsmeriaid yn cael rhywbeth bach i'w yfed gyda phryd o
fwyd y bydde Ceinwen wedi'i baratoi.

Roedd y Drovers yn adeilad eitha bach, ond roedd e'n
siwtio ni i'r dim. Do'n ni ddim ise lle oedd yn rhy fawr, am nad
o'n ni wedi neud y gwaith yma o'r blaen. Roedd pob math o
gymeriadau'n galw heibio i'n gweld ni. Ar ein diwrnod cynta,
dyma ni'n cael ymweliad gan borthmon go iawn, sef Dilwyn
Williams o ardal Llanbed. A dweud y gwir, doedd dim dal pa
fath o gymeriadau fydde'n cerdded i mewn drwy'r drws. Ro'n
nhw'n dod o bob man rhwng Aberystwyth a Chaerfyrddin,
yn ogystal â'r locals, i fwynhau'r bwyd, y cwrw … a'r organ.
Ambell waith fe fydde 'na gorau'n galw mewn i gael hwyl
hefyd. Oedd, roedd yr ochr gymdeithasol yn dda iawn.

Ro'n i'n hen gyfarwydd ag enterteino ac roedd hyn i gyd
yn gwireddu'n dymuniad ni i greu canolfan i ddiddanu a chael
hwyl. Yn amal iawn, fe fydden i'n gorfod gadael y bar a mynd
i chware'r organ, i gadw pawb yn hapus. A ddim yn amal y
bydden ni'n cau ar amser, chwaith! Dwi'n cofio un nosweth yno,
roedd hi mor fisi, a stoc y cwrw'n mynd yn llai, nes i un bachan
ofyn am 'bedwar peint o *rywbeth*!' Ond doedd hi ddim yn fêl i
gyd yno, cofiwch chi, roedd hi'n gallu bod yn dawel hefyd, ac
wedyn bydde ni'n dibynnu ar ambell un selog a fydde'n treulio
tua deuddeg awr yno yn yfed – ac yn dal i fod ar ei draed – a
finne wedi blino'n llwyr erbyn hynny. Roedd rhaid, wrth gwrs,
codi'n gynnar y bore wedyn, i orffen glanhau a chael y lle
fel pin mewn papur yn barod am y rownd nesa. Ond, ta faint
o'n i wedi blino, fydden i byth yn blino ar chware'r organ a
doedd dim dal pryd y bydden i'n ei chanu hi chwaith. Os bydde
rhywun am ei chlywed hi, fe fydden i'n chware. Roedd yr organ
ar *stand by* bob amser. Roedd rhedeg tafarn yn waith caled, er
bod y plant a ffrindie yn helpu o bryd i'w gilydd, ac roedd yn
rhaid i chi drin pawb yr un peth bob amser, dyna yw gwaith

tafarnwr. Os oedd angen unrhyw beth arnon ni, fe allen ni fod yn siŵr o help, am fod digon o bobol busnes yn byw yn yr ardal ac yn mynychu'r dafarn.

Un tro, daeth rhaglen *Hel Straeon* heibio er mwyn ffilmio yn y dafarn, am fod consortiwm wedi'i phrynu, a ninne'n ei rhedeg. Shân Cothi, y ferch o Ffarmers ei hun, oedd yn cyflwyno'r rhaglen, a'r noson ar ôl honno, fe gethon ni gymanfa ganu fodern fywiog yn Eglwys Llan-y-crwys gerllaw. Weithie roedd y lle'n fwrlwm, a digon yn digwydd.

Ond er bod y dafarn yn fisi ar benwythnosau, yn enwedig ar nosweithiau Sadwrn, go dawel oedd hi yn y Drovers yn ystod yr wythnos. Ar ôl pymtheng mis yn ei rhedeg, fe sylweddolon ni nad oedd y dafarn yn talu ffordd, a weithie ry'ch chi'n gorfod dysgu o'ch mistêcs y ffordd galed. Felly, fe benderfynodd Ceinwen a finne roi'r gore iddi, ond o leia ro'n i wedi cael y cyfle i wireddu'r freuddwyd, ac wedi cael y profiad o redeg tafarn fel ro'n i wedi dymuno'i neud ers sawl blwyddyn fach.

Ar ôl i ni orffen yn Ffarmers, fe symudon ni 'nôl i Benrhiwgoch, Llanfarian – gyferbyn â Brynyrychain, lle ces i fy magu. Jim a Mary a'u plant, Gritta, Wil ac Edith, oedd yn byw yno pan o'n i'n blentyn, ac roedd atgofion hapus 'da fi o'r lle a'r oriau dreulies i yno yn chware pob cyfle gelen ni.

Nawr roedd eisiau job arall arna i. Fe benderfynes i arallgyfeirio'n llwyr o beth ro'n i wedi'i neud o'r blaen. Mae wastad diddordeb wedi bod gen i mewn bysys, felly pam nad eu gyrru nhw, feddylies i un diwrnod, a chael fy nhalu am fynd i weld y wlad? Felly, es i ddechre gyrru bysys i gwmni Crosville yn Aberystwyth. Fe basies i'r prawf gyrru jyst cyn y Nadolig yn 1997 ar ôl mis caled o ymarfer o amgylch Aberystwyth, y Drenewydd a Wrecsam. Roedd e'n dipyn o *crash course* ar

shwt i ddreifo bws – heb y *crash* go iawn, diolch byth. Roedd
e'n dipyn o gwrs i'w lyncu mewn byr o amser, mae'n rhaid i fi
gyfadde, ac er bo fi wedi gyrru heibio i gar yn ystod fy mhrawf
gyrru car ddegawde cyn hynny, wnes i ddim neud dim byd dwl
fel 'na yn ystod y prawf gyrru bws. Ond mae'n rhaid dweud bod
yr hyfforddwr yn eich annog chi i roi'ch troed lawr yn y bws. Os
oedd y limit yn 40 neu 50 milltir yr awr, roedd yr hyfforddwr yn
fy annog i i fynd lan at y limit – dim drosto fe, nag odano fe.

Roedd y prawf gyrru 'i hunan yn digwydd yng nghanol
tre Wrecsam. Roedd Wrecsam yn eitha dierth i fi, ac yn dre
gymhleth i ddreifo o'i chwmpas mewn car, heb sôn am ddreifo
bws. Ond ro'n i wedi cael tipyn o amser i gyfarwyddo â'r lle
cyn y prawf, a deall a dysgu gan yr hyfforddwr, Colin Pryce
o Fachynlleth, lle fydde'r hewlydd y bydden i'n debygol o
fynd arnyn nhw yn ystod y prawf. Ond pasio'r tro cynta wnes
i ta beth, ac erbyn heddi, a dweud y gwir wrthoch chi, dwi'n
teimlo'n saffach yn dreifo bws na dreifo car. Ry'ch chi'n eistedd
yn uwch i fyny mewn bws nag y'ch chi'n neud mewn car, ac
mewn bws mae modd i chi 'ddarllen' yr hewl yn well. 'Sdim
gwahaniaeth bod bysys yn fawr. Ry'ch chi'n cymeryd mwy o
bwyll, ac maen nhw'n esmwyth ac yn edrych yn smart – yn
enwedig os mai coets neu *coach* sydd ganddoch chi.

Bydde'r rhan fwyaf o'r llwybrau bysys y bydden i'n teithio
arnyn nhw yn siroedd Meirionnydd, Trefaldwyn, Ceredigion
a Chaerfyrddin, ond weithie, fe fydden i'n mynd i Gaerdydd
hefyd. Yn ddiweddarach, fe drodd cwmni Crosville yn Arriva,
ac fe weithies i iddyn nhw tan ddiwedd 2013 pan gaeodd y depo
yn Aberystwyth.

Yn ystod fy nghyfnod yn gyrru bysys i gwmni Crosville/
Arriva, roedd 'na un fenter fusnes fach arall y bues i'n rhan

ohoni, sef gwerthu ffigurau a delwau ffeibrwydr neu *fibreglass statues*. Roedd 'da ni bob math o gymeriadau enwog, anifeiliaid fferm ac addurniadau ar gyfer yr ardd. Roedd e'n waith caled cynnal busnes fel hyn. Mi fydden i'n mynd o ffair i ffair ac o sioe i sioe. Y gwaith mwya oedd pacio a dadbacio popeth cyn eu harddangos nhw, ac roedd hynny'n cymryd tipyn o amser. Fe fydden ni'n teithio o amgylch y wlad, yn gwerthu mewn sioeau amaethyddol a ffeiriau o bob math. Fe fuon ni'n arddangos cynnyrch yn Sioe Amaethyddol Aberteifi un tro, ac ar ôl diwrnod eitha bisi, a phawb yn pacio, roedd yn rhaid i fi fynd i'r tŷ bach. Nawr os y'ch chi wedi bod yn un o'r sioeau amaethyddol bach 'ma o'r blaen, fyddwch chi'n gyfarwydd iawn â'r toilede symudol ar ffurf bocsys plastig glas, neu wyrdd, sy'n cael eu hurio allan gan amryw o gwmnïe gwahanol. Es i mewn i'r toilet, ac ar ôl ychydig o amser, fe ddes i allan, a gweld fy mod i wedi bod yn lwcus iawn i beidio a mynd i fyny i'r awyr. Er mawr syndod i fi, roedd y craen wedi bachu yn y bocs ac yn barod i godi'r tŷ bach ar y lori, a finne tu mewn iddo. Dyna beth fydde 'trip of a lifetime'!

Yn y diwedd, fe wnaethon ni benderfynu gwerthu'r delwau ffeibrwydr mewn siop yng nghanol tre Aberystwyth. Ond dwi ddim yn credu mai hwn oedd y penderfyniad gore i ni'i neud, chwaith, achos dim ond rhyw ddwy flynedd wnaeth y fenter bara, ac yn rhyfedd iawn, drwy gyd-ddigwyddiad, fe gollon ni gysylltiad efo'r cyflenwyr yng nghanolbarth Lloegr tua diwedd ein cyfnod ni fel siopwyr. Fe ddiflannon nhw dros nos, fel petai, a doedd dim arall i'w neud wedyn ond gwerthu'r stoc oedd gyda ni'n weddill. Na, chawson ni ddim llawer o lwc yn y siop chwaith, yn fwy na dim achos bod y costau o'i rhedeg yng nghanol tre wedi bod yn ormod.

Erbyn hyn dwi'n mwynhau gweithio i gwmni'r Brodyr James o Langeitho, o dan ofalaeth Elwyn James. Yn bennaf, dwi'n cludo plant ysgol o Langeitho i Ysgol Gyfun Aberaeron bob bore a bob prynhawn, ond yn cael ambell siwrne i lefydd eraill hefyd pan fydd angen. Mae'r hen blant ar y bysys yn ddigon o donic i ddyn.

Mwynhad arall fydda i'n ei gael ar y bysys yw cwrdd â chymeriadau – gormod ohonyn nhw i sôn amdanyn nhw bob un, ond dwi'n cofio mynd am Fachynlleth un tro, a dyna lle fydde'r daith yn dod i ben. Fe fydde'r bws yn dod 'nôl o 'na'n wag, felly. Roedd bws deulawr gen i un noson, ac ar ôl cyrraedd y *bus-stop* ym Machynlleth, fe es i lan llofft i weld a oedd unrhyw un ar ôl – a wir i chi, roedd 'na un ar ôl – ond roedd e'n chwyrnu cysgu fel mochyn. Druan, roedd yn rhaid i fi ddeffro hwnnw wedyn, a'i anfon e mas o'r bws i dywyllwch y nos. Na, 'sdim dal be welwch chi wrth yrru bws.

Fy nheulu

Mae gan Ceinwen a finne bedwar o blant. Iona oedd y cyntaf-
anedig, fel ry'n ni dweud yn ein teulu ni, ac fe ddaeth hi i'r
byd yn 1979. Ddaeth Owain ar ei hôl yn 1981, Eben yn 1985 a
Lisa, yr olaf anedig, yn 1989. Erbyn hyn, mae gyda ni bump o
wyrion hefyd, sef William a anwyd yn 1999, Ella gyrhaeddodd
yn 2002, Lydia yn 2007, Ianto yn 2013 ac yn olaf, Abraham yn
2015.

Cafodd Iona ei geni ar 29 Gorffennaf, 1979, a hynny o dan
arwydd y llew, Leo. Aeth i Ysgol Llanfarian i ddechre, ac yna i
Lanrhystud ac i Ysgol Gyfun Penweddig yn Aberystwyth. Mae
ei diddordebau'n cynnwys coginio, nyrsio, ffotograffiaeth a
photsian ar y cyfrifiadur. Flynyddoedd yn ôl fe fuodd hi hefyd
yn chware'r piano a'r organ. Aeth Iona i Goleg Ceredigion yn
Aberystwyth, i ddilyn cwrs Lletygarwch ac Arlwyo, oedd
yn cynnwys hyfforddiant mewn glendid bwyd a llawer o
agweddau oedd yn ymwneud â'r diwydiant. Fe fuodd hi am
gyfnod o brofiad gwaith wedyn yn y Cheltenham Park Hotel, ac
yna gorffen ei hyfforddiant yng ngwesty'r Conrah yn Chancery,
Rhydgaled, ger Aberystwyth.

Erbyn heddi mae Iona'n briod â Rob, ac mae ganddi ddigon
o waith ar ei dwylo achos maen nhw'n magu pedwar o blant
– William, Ella, Lydia a Ianto. Mae'n helpu weithie fel nyrs
yn ysbytai Bronglais a Thregaron. Yn debyg i fi, mae gan
Iona draed lletchwith fel pont bwa ac mae hi fel fi yn hoff o

geir smart. Fe fuodd ei gŵr, Rob, yn gweithio i Gyngor Sir
Ceredigion, cyn iddo gael swydd fel gyrrwr lori HGV i gwmni
Bibby Distribution. Mae gan Rob ddau fab o'i briodas gynta,
sef Rhodri a Bleddyn, yn wir i chi, tasen nhw ise mynd bant
rywbryd fel teulu i rywle, bydde angen bws arnyn nhw. A dyna
lle fydden i'n dod yn handi wedyn.

Owain yw'r ail-anedig, ac fe aned e ar 12 Mai 1981, o dan
yr arwydd Taurus. Pan oedd Owain yn blentyn, roedd e'n
grwt ymarferol iawn oedd yn hoffi gwaith llaw, ond doedd
ganddo fe ddim llawer o ddiddordeb yn yr ysgol. Pan oedd e'n
ddisgybl ym Mhenweddig, Aberystwyth, fe gicodd bêl drwy
do gwydr ac aeth y cwbwl yn yfflon! Glaniodd y bêl a'r gwydr
yng nghanol y bwyd a oedd yn cael ei baratoi yn y ffreutur ar
gyfer yr ysgol gyfan. Ar adeg arall, fe ddihangodd o'i wers, a'r
athro wedyn yn chwilio amdano ar yr iard. Roedd Owain wedi
mynd i gwato ar ben coeden, yn edrych i lawr ar yr athro. Ond,
chware teg, o leia roedd e wastad yn dweud wrthon ni os oedd e
wedi bod mewn trwbwl.

Ar ôl i ni ymgartrefu ym Mhenrhyn-coch, aeth Owain i
weithio gyda Dean Parry y pysgotwr o Aberystwyth, ac roedd
ganddo fe gwch. Bydde'r ddau'n mynd allan yn amal i ganol
Bae Ceredigion am ddiwrnod cyfan i bysgota. Ond yn debyg
iawn i nifer o blant yr oes yma, aeth Owain i fyw i Awstralia
am chwe mis. Ar ôl dod adre, ac ers 2003, mae wedi dechre
busnes ei hunan fel peintiwr ac addurnwr, ac erbyn hyn yn
byw yn Nhal-y-bont ger Aberystwyth. Does dim rhyfedd ei fod
e wedi penderfynu neud gwaith fel 'na, achos mae'r diléit yn
rhedeg yn y teulu. Fi sy'n hoffi paentio yn ein tŷ ni a Ceinwen
yn hoff o hongian papur wal.

Mae chwaraeon yn rhan fawr o fyd Owain, ac mae'n chware

i Glwb Pêl-droed Tal-y-bont yng Nghynghrair Cambrian ers chwe mlynedd. Mae e hefyd yn chware pŵl i'r gynghrair sirol yng ngogledd Ceredigion, ac wedi cael y cyfle i chware pŵl mewn sawl man – Caerdydd, Caldicot, Pontypridd, Abertawe, Castell-nedd a Chaerfyrddin. Owain hefyd yw capten tîm dartie'r Llew Gwyn, Tal-y-bont. Yn yr haf, mae'n hoffi pysgota ar lannau llynoedd lleol Dinas a Syfydrin ac mae'n pysgota am samwn a sewin, o dan drwydded, ar afon Dyfi ger Glandyfi. Yn ystod y blynyddoedd diweddar, mae wedi atgyweirio Morris Mini MK2 yn gyfan gwbwl ei hunan. Mae hynny'n cynnwys ei stripio i gyd, ailffitio seddi newydd, dashbord, clocie, trimie, whîls, gril newydd a charpedi, a hyd yn oed rhoi injan MG Metro 1275 ynddo fe. I goroni'r cwbwl, mae wedi'i ailbaentio i gyd, ac erbyn hyn mae'n rhaid dweud ei fod e'n werth ei weld. Mae'r car wedi bod ar y teledu hyd yn oed – fe ddaeth y cymeriad hoffus Rhian 'Madamrygbi' Davies i Benrhyn-coch ac fe fuodd hi'n eistedd ac yn ffilmio yn y car. Ma'r car 'na'n fwy enwog na'r Batmobile na char James Bond rownd ffor' hyn.

Ganwyd Eben, y trydydd-anedig, ar 22 Ionawr 1985, o dan yr arwydd Aquarius, y cariwr dŵr. Fe oedd yr unig blentyn ges i a Ceinwen heb flewyn o wallt ar ei ben, a does ganddo fe ddim llawer nawr chwaith. Er pan oedd e'n ifanc iawn, roedd ganddo ddiddordeb mawr mewn cyfrifiaduron. Ar ôl bod yn Ysgol Myfenydd, Llanrhystud, aeth i Ysgol Uwchradd Llanbed, a Phenweddig. Wedyn aeth i Goleg Ceredigion i ddilyn cwrs mewn Technoleg Gwybodaeth. Roedd e'n medru datrys problemau mathemategol yn ei ben yn ddiffwdan, yn wahanol i fi â'r fflwff sy rhwng 'y nghlustie i! Ar ôl gweithio am gyfnod wedyn yn llaethdy Rachel's Dairy, fe ffindiodd ei *forte* wrth redeg Clwb Pêl-droed Penrhyn-coch, y Welsh Black yn Bow Street, a Thafarn Rhydypennau. Hefyd, roedd y gallu naturiol ganddo fe i nabod ei gwrw, ei fwyd, a'i gwsmeriaid. Mae Eben â diddordeb o hyd mewn cyfrifiaduron, ffonau symudol neu mewn unrhyw declyn technolegol; er, hyd yn hyn, 'sdim tamed o ddiddordeb efo fe mewn gyrru car. Call iawn, falle.

Lisa yw'r olaf-anedig ac fe gafodd hi ei geni ar 14 Mehefin 1989. Ers ei dyddie cynnar, roedd hi'n hoffi canu a dawnsio, ac fe siarade hi ag unrhyw un. Ers gadael Penweddig, mae wedi dod i ben â chyflawni eitha tipyn. Yn 2009 fe aeth hi ar daith gyfnewid am dymor o Brifysgol Cymru Y Drindod Dewi Sant yng Nghaerfyrddin i Brifysgol Rio Grande yn Ohio yn yr Unol Daleithiau. Fe fuodd hi'n perfformio mewn dramâu a chyngherddau yno gyda'i chyd-fyfyrwyr. Ar ôl dod 'nôl wedyn i'r Drindod, fe raddiodd hi gyda gradd Dosbarth Cyntaf mewn Actio a'r Celfyddydau.

Am nad oedd gwaith addas ar gael iddi y pryd hynny, aeth i weithio fel nani at deulu Cymraeg yn Dartmouth Park, Llundain, ac fe fu'n gynorthwy-ydd dosbarth yn Ysgol Gymraeg Llundain. Ond 'nôl eto i Rio Grande aeth Lisa, am ryw ddwy flynedd a hanner arall, a bu'n gynorthwy-ydd graddedig Cymraeg yng Nghanolfan Madog ar gyfer Astudiaethau Cymreig ym Mhrifysgol Rio Grande. Fe raddiodd eto yn Ohio – gradd Meistr y tro hwn mewn Addysg yn y Celfyddydau Integredig, tra'i bod hi'n aelod o gyfadran ran-amser o'r Brifysgol. Mae'n rhyfedd iawn bod ei hysgoloriaeth wedi'i hariannu gan berthynas pell i ni, sef Mrs Elizabeth Davies (Elizabeth Fowler, Aberaeron gynt) a'i phriod, Evan o Faes-glas, Ohio.

Ar ôl dod 'nôl i Gymru yng Ngorffennaf 2014, aeth Lisa i

ddilyn y cwrs Tystysgrif Addysg i Raddedigion – y PGCE – yn Aberystwyth, er mwyn dysgu Drama a Chymraeg mewn ysgolion uwchradd. Ie, cap a gown unwaith eto! Fe fuodd hi'n hyfforddi i fod yn athrawes yn Ysgol Maes y Gwendraeth rhwng Hydref a Rhagfyr 2014, ac fe orffennodd ei hyfforddiant yn haf 2015 yn Ysgol Gyfun Gymraeg Glantaf, Caerdydd.

Wrth gwrs, rydyn ni'n falch iawn o lwyddiant Lisa, ac mae'n haeddu'r ganmoliaeth uchaf bosib. Felly, hoffen i fanteisio ar y cyfle hwn i gyfeirio ati nawr fel Lisa Jones, BA Anrh., M. Add., PGCE! Bydd angen cael amlenni hir iawn wrth anfon llythyron ati o hyn ymlaen.

O ho! Ohio!

Mae gofyn eich bod chi'n neud digon o ffrindie tra'ch bod chi'n ifanc, achos fel y'ch chi'n mynd yn hŷn, mynd yn llai maen nhw. Ond ers i ni ymweld â Rio Grande yn Ohio, ry'n ni fel teulu wedi ennill cymaint yn rhagor o gyfeillion. Wrth fynd i Ohio, ac i Brifysgol Rio Grande i weld Lisa'n cael ei hurddo â'r radd Meistr, y cwrddon ni â'i holl ffrindie newydd i gyd. Roedd rhai yn bobol gyffredin, ac eraill wedyn yn dod o gefndir academaidd – pob sort, ond ro'n nhw'r bobol mwya agos a chyfeillgar allech chi gwrdd â nhw, ac os o'ch chi'n Gymro, wel, ro'ch chi'n sant. Fe nelen nhw unrhyw beth drostoch chi, a'ch gwahodd i'w cartrefi i wledda ac i gael hwyl. Mae'n rhyfedd iawn ein bod ni fel teulu wedi darganfod bod 'na gysylltiad teuluol rhwng fy ngwraig Ceinwen â'r wladfa 'ma yn Ohio. Eben, yr ail fab, fuodd yn gyfrifol am ymchwilio i'r achau, ac fe ddaeth o hyd i deulu'r Morganiaid a oedd yn byw yn ardal Cilcennin, Ceredigion, yn y bedwaredd ganrif ar bymtheg.

Ro'n nhw'n perthyn i ochr mam Ceinwen, sef Nesta Edwards – Jones oedd hi cyn priodi, ond Morgan cyn hynny. Mae llawer iawn o'r Morganiaid wedi'u claddu ym mynwent y plwyf, Cilcennin. Ond roedd 'na un ddynes o'r enw Leah Morgan wedi mynd ar goll yn llwyr o'r cyfrifiad. Roedd Ceinwen a'r plant yn credu falle'i bod hi wedi ymfudo i America.

Ym mis Mai 2014, fe hedfanodd Ceinwen, Eben a finne i America, gan gyrraedd Philadelphia yn gynta. Wedyn aethon ni 'mlaen i Columbus yn Ohio ac yna taith awr a hanner mewn car i Rio Grande i weld ble roedd Lisa'n astudio. Ro'n ni'n lwcus iawn o Lisa a'i ffrindie, achos roedd pawb mor barod i'n croesawu a mynd â ni o amgylch y wlad. Yn y pythefnos fuon ni yno, fe grwydron ni bedair mynwent yn edrych ar gannoedd o enwau ar gerrig beddau, ond dim un Leah Morgan i'w weld yn unman. Yn y cyfamser, roedd 'da ni restr o lefydd ro'n ni ise galw heibio iddyn nhw. Wrth alw yn Oakhill, fe aethon ni i Amgueddfa Treftadaeth Cymru America. Hen gapel yw'r amgueddfa, ac wrth fynd drwy'r drws cefn, fe welwch chi ar y wal o'ch blaen lun lliwgar o rhes o dai o flaen harbwr Aberaeron. Mae'n drawiadol iawn, mae'n rhaid dweud. Hefyd, mae yno feiblau, llyfrau emynau, rhaglenni, dillad, offer, gwrthrychau, a hen organs; y cwbwl wedi cael eu rhoi gan yr hen deuluoedd o dras Cymreig.

Fe alwon ni hefyd yn Amgueddfa Lillian E. Jones yn nhre Jackson, ac yno mae hanes The Globe Iron Company. Cymry fu'n gyfrifol am ei redeg ar y dechre, ac roedd gan un ohonyn nhw enw hen gyfarwydd, ac yn dipyn o gyd-ddigwyddiad. Ei enw? Eben Jones! Wrth deithio ar hyd a lled y wlad, fe fydden ni'n sylwi ar arwyddion yn dweud 'Welsh Byway' neu 'Welsh', neu lun o'r Ddraig Goch. Os gewch chi byth y cyfle i fynd i Ohio, fe fydde'n rhaid i chi ymweld â Gallipolis, lle glaniodd y Cymry am y tro cynta, ar lan afon Ohio.

Un o'r bobol gwrddon ni yn America oedd Steve Evans, un o feibion y diweddar Bob Evans. Cymro eto, o Geredigion, a dyn busnes a sefydlodd rwydwaith eang o dai bwyta ar hyd a lled gogledd America – dros 800 o fwytai i gyd. Mae Steve yn ymwybodol iawn o'i dras Cymreig, ond yn anffodus, dyw e ddim yn gallu siarad yr iaith. Buodd ei dad yn gyfrifol am greu llawer o sefydliadau pwysig iawn yn Rio Grande, a hyd heddi mae'r eisteddfod a'r gymanfa ganu'n cael eu cynnal fel rhan o'r Welsh Heritage Days ar dir ei fferm, sef The Bob Evans Farm.

Un arall gwrddon ni yno oedd maer Rio Grande, sef Matt Easter, a'i wraig Jenny. Mae Matt yn ddyn cyffredin yn gwmws fel chi a fi, mae'n ddyn hynod o groesawgar ac yn llawn hwyl, sbort a sbri. Dyw e ddim o dras Cymreig, ond mae'n frwdfrydig iawn dros y 'Pethe' Cymreig. Yno yn ei gartref, roedd 'na biano a harmoniwm. Wel, ro'n i wrth fy modd, fel allwch chi ddychmygu.

Wrth i'n gwylie ni ddod i ben yn America, yn llythrennol ar yr awr olaf, daeth Eben o hyd i fanylion am Leah Morgan. Roedd Leah – hen, hen fodryb i Ceinwen – wedi ymfudo allan i Ohio, priodi â Thomas Richards, ac mae ei gweddillion wedi'u claddu ym mynwent Ty'n Rhos, Ohio. Wel, 'na sgrambl wedyn 'de! Fe ruthron ni gyd i'r fynwent honno ar y funud ola i weld y garreg fedd, a chael llun ohoni hefyd.

'Sdim rhyfedd gen i fod yr holl Gymry wedi ymfudo i Ohio. Mae darnau helaeth o'r dalaith yn goediog ac yn ffrwythlon, â digon o borfa ym mhob man – yn debyg i Gymru mewn sawl ffordd ond yn llawer mwy gwastad ac ehangach, mae hyd yn oed yr adar yn debyg i'n hadar ni. Cymru oddi cartre, falle.

Mae'n rhaid i fi gyfadde i fi fwynhau'n hymweliad ni ag Ohio'n fawr iawn, achos roedd 'na gymaint o gysylltiadau Cymreig yno, ac yn fwy na hynny, yn fwy na *dim*, ro'n i'n gweld organ neu biano newydd bron bob dydd. Nefoedd! Cyn troi am adre, roedd yn rhaid i ni alw yn Philadelphia, gan fod yno un peth arbennig iawn ro'n i am ei weld cyn gadael am y maes awyr … organ arall! Ond nid organ gyffredin oedd hon. O nage! Roedd ganddi 28,482 o bibau, a'r cyfan yn pwyso 287 tunnell. Dyma'r organ fwyaf yn y byd, a'i henw? The Wanamaker Grand Court Organ. Mae'n byw yn siop enfawr Macy's. Cafodd ei chware am y tro cynta erioed ar 22 Mehefin 1911 yn union yr un amser â choroni Brenin Siôr V yn Abaty Westminster. Mae ganddi 729 o stopiau lliw ar gyfer ei thôn a'i sain, ac mae'r consol yn pwyso dwy dunnell a hanner, ac yn gartre i chwech rhes o glafiarennau (fe fydda i'n sôn mwy am y gair hwn yn nes 'mlaen). Mae hi'n werth dros 71 miliwn doler ar hyn o bryd. Os y'ch chi am wbod mwy, mae gen i lyfr 284 tudalen sy'n dweud y cwbwl amdani. Gewch chi fenthyg e os licech chi.

Mae'n perthynas ni ag Ohio yn cryfhau bob dydd hefyd am fod Eben bellach wedi symud i fyw yno, ac wedi priodi ffrind gore Lisa, sef Lucia. Yn briodol iawn, Matt Easter, maer Rio Grande, fu'n gyfrifol am wasanaethu'r briodas. Fe wylion ni'r briodas yn ein cartre ni yn Argoed trwy gyfrwng Skype. Dyna i chi'r briodas fwya ddiffwdan a rhata dwi wedi bod ynddi erioed! Doedd dim eisiau golchi, shafo, gwisgo na gwario'r un geiniog ac ro'n ni'n cyfarch pawb wrth iddyn nhw fynd heibio'r camera. Yna, fe eisteddon ni 'nôl ar y soffa, a gwylio'r cwbwl. Grêt!

Erbyn hyn, mae Eben a Lucia wedi cael mab bach, sef Abraham, brawd bach newydd i Lilly, merch Lucia, ac ŵyr arall i Ceinwen a finne. Ry'n ni'n falch iawn o'u hapusrwydd nhw, er eu bod nhw filoedd o filltiroedd i ffwrdd, ar ben draw'r byd. Ond er gwaetha'r enw twp ar y dechnoleg ffansi, mae'r hen Skype yn handi i ni gael cadw mewn cysylltiad efo nhw.

Gwaith llaw

Bachan *practical* ydw i wedi bod erioed, a phan o'n i yn yr ysgol, ro'n i wrth fy modd gyda gwaith coed a metel, ac arlunio wrth gwrs. Roedd gen i fwy o amser i arlunio hefyd pan o'n i'n ifanc, a gan amlaf, llunie o adeiladau, cerbydau neu geir y dyfodol fydde'n cymryd fy sylw, a hynny wrth ddefnyddio pensil neu feiro. A lle bo chi ddim yn 'y nghredu i am y sgetshys a'r diléit oedd gen i, dyma rai o'n ffefrynnau i:

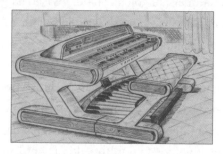

Fe wnes i gartwnau hefyd am rai blynyddoedd ar gyfer cylchgrawn mudiad y Ffermwyr Ifanc yng Ngheredigion sef *Cwysi Ceredigion* a mwynhau hynny'n fawr iawn.

Pan o'n i'n byw yn Llanddeiniol a Llanfarian, roedd y carnifal yn ddiwrnod pwysig ym mywyd trigolion Llanfarian. Bydde'r holl gystadleuwyr yn gwisgo fel cymeriadau amlwg y dydd a bydde nifer y fflôts yn teithio ar dreilers a lorïe. Ond yr un pwysicaf oedd fflôt y frenhines. Bues i a Ceinwen a rhai o'n ffrindie ni'n gyfrifol am o leia tair o'r fflôts. Bydde Ceinwen a'r merched yn gyfrifol am drefnu'r blode a'r gwisgoedd, a bydden inne wedyn yn creu'r arddangosfa wrth neud yr arwyddion a'r gwaith coed. Fe fydden ni'n dechre'r gwaith o addurno'r lori ar y dydd Gwener, a chario 'mlaen wedyn, drwy'r nos heb stop tan fore Sadwrn.

Dwi'n hoff iawn o botshan, yn creu neu'n cywiro rhwbeth o hyd, a neud ambell brosiect, falle. Un o fy hoff ddyfeisiadau yw'r 'Cana-mi-gei'. Y Cana-mi-beth? Alla i'ch clywed chi'n holi nawr. Ond dwi'n siŵr fod nifer fawr o bobol sy wedi 'ngweld i'n perfformio wedi gweld y teclyn defnyddiol hwn wrth ei waith. Fe wnes i hwn 'nôl tua chanol y nawdegau, er mwyn helpu'r gynulleidfa gyda'r canu mewn nosweithiau. Beth ro'n i'n sylwi oedd bod bron pawb yn gwbod pennill cynta'r gân a dyna fe wedyn – doedd neb yn cofio rhagor. Felly fe benderfynes i neud y teclyn mecanyddol yma, gan ysgrifennu'r penillion â ffelt pen ar rolyn o ddefnydd tua 60 troedfedd o hyd. Mae'n cynnwys 27 o ganeuon Cymraeg, a 26 o emynau Cymraeg ac mae o leia dau bennill i bob cân. Dwi wedi iwso'r teclyn yma droeon, ac mae hyd yn oed wedi bod yn handi i rywun ddysgu Cymraeg ambell waith. Ond, mae 'na un bai arno yn fy marn i, sef bod yn rhaid cael rhywun i droi'r handlen. Weithie fe fydde fe'n cael ei droi y ffordd rong, mae 'na un handl i droi'r caneuon 'mlaen, ac un arall i'w droi yn ôl ac fel gallwch chi ddychmygu, mae 'na lot o sbort i'w gael pan mae hynny'n digwydd. Pawb yn canu am yn ôl!

Dwi wedi bod yn meddwl ers rhai blynyddoedd am system newydd i ddilyn hwn, a'r ffordd ymlaen hyd y gwela i, yw rhoi geiriau pennill cyfan ar raglen gyfrifiadurol, sydd wedyn yn ymddangos ac yn sgrolio ar gyflymder addas ar gyfer canu ar sgrin iPad – ac yna i sgrin deledu, a'r cwbwl yn cael ei reoli gen i o'r organ. Mae'n system sy'n debyg iawn i'r *autocue* maen nhw'n 'i ddefnyddio ar y teledu. Felly, mae'r broses yma ar y gweill gen i ar hyn o bryd, a dim ond sgrin fawr a chysylltiad iddo sydd ei ise arna i rhagor.

Mae gen i organ glasurol hefyd, a fi sydd wedi ehangu ac addurno'r gwaith cerfio pren sydd uwch ei phen hi, ond does dim sŵn yn dod drwy'r pibau. Ffug yw'r cyfan, ond mae'n edrych yn urddasol, dwi'n meddwl. Un tro, fe brynes hen organ bwmp neu harmoniwm, a hynny am 50c. Fe fuodd yn rhaid i fi drwsio'r fegin, a'i stripio i gyd, a chael saer wedyn i ail-greu'r rhan o gylch y drych. Ar y gweill ar hyn o bryd hefyd mae'r organ Wurlitzer Theatre. Yn anffodus, dyw hi ddim yn gweithio'n ddigon da i'w chanu, felly y bwriad yw tynnu'r cwbwl allan ohoni, a'r clafiarennau (dacw'r gair yna unwaith eto), a gosod organ arall i mewn i'r cabinet. Yna, o leia bydd yn offeryn canadwy, ac yn unigryw yn y fargen. Beth fydd gen i fydd hanner Yamaha a hanner Wurlitzer, yr organ yn Yamaha, ac yn cael ei chware drwy system sain Wurlitzer, a hefyd wedi'i gosod mewn cabinet Wurlitzer. Alla i wedyn ei bedyddio hi, yr 'Yamalitzer'! A sôn am y Wurlitzer, os hoffech brofi gwychder un o'r rhain eich hun, mae 'na esiampl fendigedig o organ fel hon ar Fferm Folly yn sir Benfro, ewch draw. Ces i'r fraint o ganu 'Pen-blwydd Hapus' arni pan oedd Ceinwen yn dathlu'i phen-blwydd yn 50.

Nid dim ond offerynnau ac organs sy'n fy niddori i yn unig,

cofiwch. Dwi hefyd wedi bod yn hoff iawn o gerbydau erioed, ac nid Ffyrgis a bysys yn unig, chwaith. Ceir o'r cyfnod rhwng 1950–1980 sydd ore gen i, ac wrth fynd i ralïe ceir y Vintage Classic dros y blynyddoedd, mi fydden i wrth fy modd yn eu gweld nhw a bydde'r hen atgofion yn llifo 'nôl. Mi fydden i'n cael y fraint weithie o ddreifo car fy mrawd yng nghyfraith, Llew, i rali ambell waith, yn ei Singer Gazelle 1966, ew, roedd hynny'n brofiad a hanner. Yn y ralïe ceir, bydde hi'n braf cael sgwrsio efo ambell berchennog car clasurol, 'sdim ots am beth, sgwrs am dractor neu lori, neu injan stêm, hyd yn oed. Y peiriant yw'r peth. Ambell waith, fe fydden i'n lwcus iawn o gael gweld a chlywed organ ffair. Mae gan organ ffair sŵn bendigedig, o gofio bod y cwbwl yn cael ei greu'n fecanyddol. 'Sdim trydan na chyfrifiaduron yn agos iddyn nhw, ac mae angen lot o amser ac arian i edrych ar eu hôl nhw.

Mae casglu modelau o gerbydau yn rhoi pleser i fi hefyd, achos fe allen i gasglu hyd dragwyddoldeb. Y modelau hynaf sy gen i yw'r cerbydau Matchbox gwreiddiol, heb eu bocsys yn anffodus, ond dy'n nhw ddim wedi cael eu camdrin chwaith. Y rhan fwyaf o'r gweddill wedyn yw'r ceir o'r gyfres Models of Yesteryear, eto gan Matchbox, ac mae'r rheiny i gyd naill ai'n *limited edition* neu'n *special edition* ac yn eitha prin. Yn y casgliad sydd gen i, mae rhai modelau manwl o'r Vanguards o'r pumdegau a'r chwedegau. Mae'n braf iawn cael eu trafod a'u glanhau nhw ambell waith, ac mae bocsys rhain i gyd gen i hefyd. Achos maen nhw'n werth mwy yn eu bocsys.

Pan mae'n dod i fodeli o organs, mae'n debyg nad oes 'na lawer iawn ohonyn nhw ar gael. Ond dwi wedi llwyddo i gael gafael ar rai. Yr un dryta sydd gen i yw'r un gan Lladro o J. S. Bach yn chware'r organ bib – darn gafodd ei neud i nodi 250 mlynedd ers ei farwolaeth yn 1750. Fe brynes i hwn pan o'n i ar wylie ym Majorca. Mae 'na fanylder da iawn yn yr harmoniwm sydd gen i hefyd, ac mae hyd yn oed y caead yn agor ac yn cau. Mae hwnna'n ddarn dwi'n 'i drysori'n fawr.

Gan nad oes llawer iawn o fodelau o organs ar gael, dwi'n gorfod manteisio ar fodelau o offerynnau tebyg fel piano neu acordion, ac mae hynny'n ddigon derbyniol. Un dwi'n hoff iawn ohono fe yw'r Player Piano gwyn. Bocs miwsig yw e, ac fe ges i afael yn hwnnw mewn siop ail-law yng Nghaernarfon am 30c. Mae gen i glown sy'n chware'r acordion ddaeth o Sorrento yn yr Eidal, ac mae'r grand piano wedi 'i grefftio'n fanwl iawn. Oes, mae gen i dipyn o gasgliad yn barod, ond fel pob casglwr da, dwi'n dal i chwilio.

Cymeriadau ... unigryw

Dwi wedi bod yn lwcus iawn ar hyd y blynyddoedd o fod wedi cwrdd â phob math o bobol o bob cefndir a gwaith. Roedd 'na sawl cymeriad yn ein teulu ni hefyd, ac er nad y'n nhw 'da ni bellach, mae'r atgofion amdanyn nhw'n fyw yn y cof o hyd.

Un ohonyn nhw oedd Wil Edwards, tad Ceinwen, 'y ngwraig. Y tro cynta gwrddes i â Wil, roedd e'n eistedd a'i goesau wedi'u croesi lan ar y sgiw wrth ochr y tân, â ffag yn ei geg. Ganwyd Wil ar 23 Ionawr 1913, yn fab i John Defi ac Elizabeth Edwards o Garregcadifor, Bontgoch, sydd ddim yn bell iawn o bentre Tal-y-bont. Aeth e i Ysgol Elerch, Bont-goch, ac yna fe adawodd yr ysgol yn grwt ifanc 13 oed i ddechre gweithio ar fferm leol. Yn ogystal â'r gwaith dyddiol, roedd e hefyd yn gyfrifol am hyfforddi ceffyle ar y fferm.

Roedd Wil yn ŵr bonheddig iawn, ond ew, roedd e'n hoffi rhegi! Masiwn oedd e wrth ei alwedigaeth, ac roedd e'n gweithio i C. P. Jenkins, adeiladwr tai o Benrhyn-coch. Fe oedd yn gyfrifol am y gwaith cerrig ar lefydd tân nifer o'r tai adeiladwyd gan y cwmni. Fe fydde 'i waith i'w weld tu allan i orsaf betrol Tŷ Mawr, Penrhyn-coch, yr orsaf ym Mhonterwyd, a fe adeiladodd y garej ym Mronwydd, Llanfarian. Roedd e hefyd yn hoff iawn o bysgota, y rhan amlaf yn Llyn Syfydrin.

Fel arfer fe fydde fe'n eistedd yn ei gwrcwd heb stôl wrth weithio, ac yn cynnau ffag rol-iôr-own neu stwmpyn os oedd am gael hoe o'i waith. Yna, fydde fe'n mynd 'nôl at ei waith,

naill ai gwaith masiwn neu waith yn y tŷ. Bydde fe'n treulio'r
rhan fwya o'i amser yn y sied a oedd yn sownd i'r tŷ. Fan'na
roedd y sinc a'r toiled, a doedd dim cegin yn y tŷ, ond roedd ei
sied fel pin mewn papur. Pan fydden i'n mynd i weld Ceinwen
yn ei chartre syml, roedd wastad te a bara menyn yn fy nisgwl
a phob tafell o fara yn cael ei thorri'n daclus, ac yn denau fel
wêffyr. Fydde fe'n neud yn siŵr fod gan bawb fwyd ar eu plat
bob amser, ac fe fydde fe'n bwyta llai na neb arall. Wedyn, ar ôl
clirio'r ford a golchi'r llestri i gyd, bydde fe'n eistedd unwaith eto,
ei goesau wedi'u croesi ar y sgiw wrth ochr y tân â ffag yn ei geg.

Roedd trefn gan Wil. Fe ddylech chi fod wedi gweld shwt
oedd e'n cadw 'i bethe. Roedd ganddo fe gist ddreirie'n llawn o
sgriws, hoelion, offer a phethe bychain, ac mae llawer ohonyn
nhw gen i o hyd – maen nhw'n dod yn handi iawn pan fydda i'n
potshan ambyti'r lle. Yn ddiweddarach yn ei fywyd, buodd Wil
yn mynd efo Llew, fy mhrawd yng nghyfraith, i'r ralïe hen geir.
Dim bod ganddo fe ddiddordeb mawr mewn ceir, ond roedd e'n
rhywle gwahanol i fynd, ac yn gyfle i gwrdd â phobol.

Roedd ein plant yn ei addoli, ac roedd e'n gymaint o
ddylanwad arnyn nhw nes bod 'i lun e ym mhobman ganddyn
nhw, nid dim ond mewn ffrâm ar y silff ond ar eu ffonau symudol
a'u iPads hefyd. Roedd Wil yn addoli pob un o'n plant ni yn
eu tro hefyd, ac fe gadwai lygad barcud arnyn nhw bob eiliad.
Roedd yn hen gyfarwydd â magu plant. Dyn tawel oedd Wil, dyn
syml a bonheddig, ac i fi'n bersonol, dyma sant o ddyn oedd bob
amser yn fy helpu, ac ro'n ni'n dau'n dipyn o bartners. Fuodd 'na
ddim gair croes rhyngddon ni erioed.

Dwi ddim am fynd i drafod pethe morbid, ond yn drist iawn,
fe fuodd Wil farw ar ddiwrnod ei ben-blwydd, sef 23 Ionawr,
ac yntau'n 80 oed. Ar ôl iddo weini arnon ni unwaith eto amser

bwyd; y bara tenau a'r jam, a'r gacen ben-blwydd, na wnaeth
e hyd yn oed ei blasu, dyna pryd ddigwyddodd e. Ar ôl i bawb
glirio'r bwrdd, aeth Wil i eistedd unwaith eto ar yr hen sgiw, a'i
goesau wedi'u croesi. O fewn munudau, fuodd e farw'n dawel,
a finne'n eistedd wrth ei ochr. Dyna i chi wrthgyferbyniad
llwyr rhwng bwrlwm y dathliad a llonyddwch y dwyster. Mae'n
od mai fan'ny, ar y sgiw, wnes i gwrdd ag e am y tro cynta
erioed, a hefyd, mai dyna'r fan lle nethon ni ffarwelio. Pan
golles i Wil, fe golles i ffrind.

Fe gafodd marwolaeth Wil, ei thad-cu, gryn effaith ar
Lisa hefyd, fe gyfansoddodd hi gerdd iddo a hithe ond yn ei
harddegau ar y pryd:

NEITHIWR

Gorweddaf
   ar wely Dad-cu
   a theimlo'i gynhesrwydd.
Cofiaf
   am bob cwsg a gysgodd,
   a'r cwsg olaf ar ddydd ei ben-blwydd.
Meddyliaf
   am y dieithryn ar y sgiw
   a'i ddwylo dwys, y dwylo llawn daioni.
Teimlaf
   yr oerni yn ei lygaid
   a'r cariad yn ei wên.
Môr o atgofion
   sy'n llifo, yn llanw 'mhen ni allaf fyth anghofio
   y bwthyn yn yr hydref yn colli'r hyder,

y ferch ar y sgiw yn colli'r freuddwyd,
yn colli'r arwr.
Collais ddeigryn er cof amdano.
Daeth y wawr a'i neges yn glir
neithiwr.

Pan o'n i'n byw yn Llanfarian, ac wedyn yn Llanddeiniol, ro'n i'n neud tipyn ag Wncwl Ffred. Doedd e ddim yn perthyn i fi, ond roedd pawb y pryd hynny naill ai'n 'wncwl' neu'n 'anti' rhywbeth neu'i gilydd. Dyna i chi gymeriad. Wncwl Ffred oedd fy nhad bedydd i, a fe fydde'n torri fy ngwallt i pan o'n i'n byw ym Mrynyrychain. Roedd wastad golwg ddrygionus arno fe. Roedd e'n byw bywyd llawn, yn fisi bob dydd yn yr ardd, neu mas yn galw gyda rhywun rownd y ril. Roedd yn ifanc iawn ei feddwl a'i ysbryd, ac felly'n cymysgu efo llawer iawn o bobol llawer ifancach nag e, am ei fod erbyn hynny'n ŵr gweddw. Roedd 'na dipyn o drefn ganddo fe hefyd, ac roedd e wastad ar amser, byth yn hwyr, yn wahanol i fi! Roedd e hefyd yn eglwyswr ffyddlon, ac yn mynychu'r eglwysi yn Llanychaearn, a Figure Four bob dydd Sul.

Un o ddiddordebau mawr Ffred oedd garddio, ac roedd e'n arddwr penigamp, ac yn edrych ar ôl ei gar yn ofalus iawn. Bydde'r tŷ fel pin mewn papur bob amser, a bydde fe'n cael porej bob bore, a glased o whisgi bob nos cyn mynd i'r gwely. Dwi'n cofio ni mewn parti un noson, ac ar ôl sbel, dyma fe'n mynd i'r toiled, ond wrth bisho, fe dasgodd ei ddannedd gosod o'i geg ac i mewn i ganol yr iwrinal! Ond cafodd afael arnyn nhw'n go glou a'u rhoi nhw 'nôl yn ei geg! Un fel'na oedd e.

Dwi'n cofio pan ddathlodd e 'i ben-blwydd yn wyth deg oed, iddo gael parti gyda ni yn Spite, ac roedd llond lle o

ffrindiau, miwsig, a hyd yn oed stripogram! Roedd Wncwl
Ffred wrth ei fodd. Do, fe joiodd ei fywyd hyd at y diwedd. I
mi, roedd agwedd Wncwl Ffred at fywyd yn bositif iawn, yn
cadw'n ddiwyd ac yn fisi, yn mwynhau popeth, ac roedd e'n llon
a hapus bob tro. Fe fydda i'n meddwl am hyn yn amal iawn, a
thrial bod rhywfaint yn debyg iddo fe, gymaint ag y galla i. Ond
dwi inne hefyd, cofiwch, yn cael fy yps-and-downs, fel pawb,
siŵr o fod.

Fuodd 'na erioed gymeriad hynotach yn ein teulu ni nag Anti
Mair. Catherine Mair oedd 'i henw iawn, ac roedd hi'n chwaer i
'Nhad. Roedd Anti Mair yn gymeriad unigryw, a dweud y lleia.
Fe gadwodd hi at y llwybr cul drwy gydol ei hoes, ac ar ei sedd
ger ei hochr oedd ei 'beibl' hi, sef llyfr emynau'r Methodistiaid.
Fe fuodd hi'n organyddes yng Nghapel Horeb, New Cross, am
75 mlynedd.

Cartre Anti Mair oedd fferm fechan o'r enw Fron-haul.
Roedd Fron-haul yn ffinio â Phen-wern, ac yno y treuliodd hi ei
blynyddoedd olaf, yn ddibynnol ar ei ffrindie a'i theulu agosa.
Fe ddaethon ni i nabod mwy ohoni'r pryd hynny, a bydden
i'n galw yno bob wythnos, yn fwy na dim i gadw cwmni
iddi am ychydig o amser ar ddiwedd y dydd, ac i neud ambell
gymwynas o amgylch y lle fel torri'r borfa a'r llwyni ag ati.

Roedd yn strict ac yn barchus ar yr wyneb, ond yn ffein iawn
yn y bôn. Tase hi'n gofyn i chi neud rhywbeth, bydde'n rhaid i
chi symud yn go glou, ac os byddech chi'n ei chroesi hi, fe fydde
hi ar ben arnoch chi. Am mai merch fferm oedd hi, roedd yn
rhaid iddi weithio'n galed a byw'n gynnil, ac un ffordd o gadw'n
gynnes bydde gwnïo darn o un fest mewn i gefn y llall, er
mwyn cael dwy haenen. Sawl un sy'n neud hynny erbyn heddi,
'sgwn i? Dim llawer, mi fentra, *central heating* yn rhy handi.

Cyn y dyddie hynny pan o'n i'n helpu Anti Mair gyda thorri'r borfa, fe fydde hi fel arfer yn neud y gwaith ei hunan gan ddefnyddio Flymo, y peiriant hwnnw sydd heb olwynion. Wrth iddi dorri'r borfa rhyw ddiwrnod, fe gododd hi'r Flymo dros y sietin, â'r motor dal yn rhedeg ac fe lwyddodd i dorri bys a bys ei throed yr un pryd. Druan â hi! Ond credwch chi fyth, gydag ychydig iawn o driniaeth cymorth cyntaf, fe gariodd 'mlaen â'r gwaith. Menyw galed oedd Anti Mair.

Bydde hi'n cadw ffowls hefyd, ac un tro wrth alw heibio i'w gweld hi, fe wedodd fod un o'r ffowls ar goll ers rhai dyddie. Y tro nesa i fi alw draw wedyn i dorri'r borfa yn ei chartre yn Fron-haul, roedd 'na ddrewdod ofnadw yn dod o gyfeiriad yr hen fath dŵr wrth ochr y ffens. Yn wir i chi, dyna lle roedd yr iâr oedd wedi mynd ar goll, yn y bath – roedd hi wedi boddi. Fethes i'n lân a chydio ynddi, oherwydd y drewdod ofnadw a'r holl gynrhon oedd yn cropian drosti. Ond pan welodd Anti Mair beth oedd wedi digwydd i'r iâr fach, fe gydiodd ynddi'n ddiseremoni, heb fecso dim, a'i thaflu i'r domen! Ond nid yr iâr fach 'na oedd yr unig un o'r ffowls i gael diwedd go sydyn o dan ofal Anti Mair. Roedd un iâr fach arall ganddi oedd wedi dechre bwyta'i hwyau ei hunan. Tro yn ei gwddwg gafodd honno, dim whare. Oedd, roedd Anti Mair yn fenyw, ansentimental.

Roedd hi'n berchen ar hen organ bwmp, ond dim ond unwaith erioed weles i'r organ. Oedd, roedd hi'n chware'n iawn, ond wnes i fistêc un diwrnod wrth weud wrth Anti Mair fod dim llawer o sŵn gan yr hen organ. Wel, erbyn yr wythnos wedyn, roedd Mair wedi llusgo'r organ o'r tŷ, rhoi matsien iddi, a'i llosgi'n ulw! Ro'n i'n difaru agor fy ngheg.

Â hithe ymhell dros ei hwythdeg, fe fydde hi'n dal i yrru

car. Yr un siwrne fydde hi'n ei neud i Aberystwyth bob tro trwy Benparcau, a diweddu yn Kwik Save ar waelod Coedlan y Parc. Roedd hi wedi addo'i char i ni ar un adeg, a hynny er mwyn i Lisa'r ferch gael ei ddefnyddio. A do, fe ddaeth y diwrnod pan ffoniodd Anti Mair, i ddweud, 'Pryd y'ch chi'n dod i hôl y car?' Wel, roedd yn rhaid i ni dasgu a sicrhau ein bod ni'n neud rhywbeth am hyn yn glou, cyn iddi newid ei meddwl a rhoi tro yng ngwddw'r car bach. Felly, fe ddreifon ni i hôl y car yn syth yr wythnos honno. Vauxhall Astra Belmont oedd y car, efo tua 40,000 o filltiroedd ar y cloc. Fe ddaethon ni â'r car 'nôl adre, trosglwyddo'r dogfennau gyda'r DVLA, rhoi insiwrans arno a neud y gwaith papur i gyd; ond yn wir i chi, o fewn wythnos roedd Anti Mair wedi newid ei meddwl ac ise'r car 'nôl. Ar ôl egluro'r sefyllfa wrthi am yr holl waith papur ac yn y blaen, fe gytunodd yn y diwedd fod yn well iddi adael pethe fel o'n nhw, a falle wnaeth hi sylweddoli hefyd nad oedd hi'n bwriadu gyrru rhagor ta p'un. Mae'r hen gar bach, y Vauxhall Astra Belmont o 1991, gen i o hyd, ond mae ise 'i atgyweirio'n arw iawn. Ac er nad yw e'n edrych yn bert iawn erbyn hyn, falle mai dyma fy unig gyfle i fod yn berchen ar gar clasurol, achos does dim llawer o'r ceir yma ar gael erbyn heddi. Mae'r diolch i Anti Mair, Fron-haul fod y car bach gen i yn y lle cynta.

Dwi wedi cwrdd â nifer o gantorion yn ystod y blynyddoedd dwi wedi bod wrthi'n canu'r organ. Un canwr dwi wedi neud tipyn efo fe ar hyd y blynyddoedd yw'r tenor Vernon Maher o bentre Saron, ger Llandysul. Falle y bydd rhai ohonoch chi'n 'i gofio fe fel un rhan o'r ddeuawd boblogaidd Vernon a Gwynfor.

Fe gwrddes i â Vernon am y tro cynta, mwy na thebyg, wrth chware'r organ yn nhafarn Llwyndafydd, Saron, tua 1972,

ond fe gollon ni gysylltiad wedyn am sawl blwyddyn. Ro'n i
wedi clywed am y ddeuawd Vernon a Gwynfor, wrth gwrs, ac
wedi gwrando ar eu casetie sawl gwaith. Peth amser wedyn, fe
ailgysyllton ni â'n gilydd, a gofynnodd Vernon os fydden i am
chware'r traciau cefndir ar yr organ ar gyfer ei gasét newydd,
sef *Canaf Gân*, a fydde'n cael ei recordio yn stiwdio fechan
Busker Jones, Pentre-cwrt. Ro'n i'n hynod falch i gymryd rhan.
Ar y casét roedd nifer o draciau, yn emynau a chaneuon ysgafn.

Rai blynyddoedd wedyn, ces i 'ngofyn i fod yn rhan o'r
gerddoriaeth gefndir ar gyfer casét newydd arall ganddo,
sef *Vernon*, ac yn 1996 fe aethon ni'n dau i stiwdio Sain yn
Llandwrog ger Caernarfon, a'r organ Yamaha HS8 yng nghefn
y fan. Fe safon ni'r noson gynta yng Ngwesty Dolbadarn,
Llanberis, ac yna recordio drwy'r dydd y diwrnod wedyn.
Dyna'r tro cynta hefyd i fi gwrdd â'r pianydd Annette Bryn
Parri – roedd hithe hefyd yn canu'r piano ar y recordiad, ac
roedd yn bleser mawr i fi fod wedi gweithio gyda hi ar gyfer y
casgliad. Recordiwyd y traciau i gyd o fewn diwrnod, roedd e'n
brofiad bythgofiadwy.

Yn 2002 recordiodd Vernon albwm arall, ond y tro hyn ar
grynoddisg. *Gwledd o Gân* oedd enw'r CD, a recordiwyd y
cyfan gan Eifion 'Bodyshaker' Williams o gwmni recordio
Talent Cymru o Langeitho, Ceredigion. Y tro hwn, dim ond
fi fydde'n cyfeilio ar y recordiad, a hynny ar yr Yamaha PSR
9000. Yn ystod y blynyddoedd diwetha 'ma, dwi wedi bod
yn ddiolchgar iawn o fod wedi gallu cyfeilio i Vernon mewn
amryw o gyngherddau a chymanfaoedd, ac mae'r profiad dwi
wedi'i gael wedi bod yn bleserus iawn.

Ry'n ni fel dau deulu wedi dod yn ffrindie hefyd ac wedi
neud tipyn â'n gilydd. Un tro, penderfynodd Ceinwen, finne, a

Vernon a'i wraig, Eleanor, fynd ar wylie 'da'n gilydd a hedfan o faes awyr Caerdydd. Roedd popeth yn mynd yn iawn, y tri arall wedi mynd drwy'r Customs, wedi i bawb dynnu'u sgidie, rhoi popeth metal yn y trei, dim ond fi oedd ar ôl heb fynd drwy'r broses. Fe roies i fy mag drwy'r sganiwr, a dyma'r larwm yn canu dros y lle i gyd, a'r swyddog diogelwch yn fy ngorchymyn i aros ar ben fy hunan ger y wal ac yn dweud 'Stand there! We must inspect your bag!' Ro'n i'n crynu fel deilen ac yn methu'n lân â deall beth oedd o'i le. Fe agoron nhw'r sip ar ochr y bag, a beth ddaeth o'r boced oedd cyllell a fforc. A dyma fi'n ateb a dweud, 'I'm very sorry sir, but I forgot to take them out, I usually use this bag at work to carry my *tocyn*!' Dyna beth oedd embaras, ac ro'n i'n cael fy nhreto fel troseddwr. Dwi wedi bod tipyn mwy gofalus ers hynny wrth bacio fy mag cyn mynd ar wylie. Cofiwch, ro'n i'n gwbwl bendant bod cyllell a fforc yn hanfodol ar gyfer teithio. 'Sdim dal pryd fydde 'u heise nhw arna i.

Mae'n rhaid i fi grybwyll ffrind arall annwyl iawn yn y saithdegau a'r wythdegau, sef Margaret o Gors-goch, merch i Danny a Martha Davies, tafarn Cefnhafod. Bydden i'n chware'r organ yno'n gyson ar nosweithe Sadwrn hyd oriau mân y bore. Roedd Margaret yn hoffi canu, a bydden i'n cael practis yn amal iawn yn y dafarn ar gyfer ambell steddfod neu gyngerdd, ac ambell waith efo'r Gwerinwyr. Roedd hithe hefyd yn medru chware'r organ a'r acordion.

Cymeriad arall gwrddes i wrth chware'r organ oedd Maldwyn Evans, Bryn-llys, Bwlch-y-llan. Fe allen ni chware unrhyw emyn i Maldwyn, ac fe fydde fe'n gwbod bob gair o bob pennill, a chofio pob pennill heb oedi. Bydde'n cadw fi i fynd drwy'r nos heb stop gyda'i ganu byrfyfyr. Weithie, bydden i'n rhoi prawf iddo drwy ddewis emyn llai adnabyddus, i weld a allen i ddala fe mas. Ond na, bydde Maldwyn yn dod i ben bob tro. Dyma'r unig berson i mi ei glywed erioed yn canu'r rhifau 'one, two, three, four …' ac yn y blaen i'r emyn dôn 'Saron'. Ac erbyn iddo fe gyrraedd y llinell olaf, roedd wedi cyrraedd 'twenty'. Wedyn, bydde fe'n canu'r rhifau unwaith eto, ond am 'nôl. Bydde pobol yn edrych arno mewn syndod. Mae cymeriadau fel Maldwyn yn brin iawn heddi, ac mae'n ddrwg gen i ddweud 'i fod e wedi'n gadael ni erbyn hyn. Ond coffa da amdano.

Ble fydde'r cymanfaoedd canu heb yr arweinyddion, gwedwch? Mae 'na digonedd ohonyn nhw gyda ni yng Nghymru, a dwi wedi cael y fraint o chware'r organ o dan law nifer o'r arweinyddion poblogaidd ar hyd y blynyddoedd. 'Sdim iws i fi 'u henwi nhw i gyd – allen i ddim, achos mae cymaint ohonyn nhw, ond mae'r profiad wedi bod yn un addysgiadol a phleserus dros ben.

Cymeriad arall ro'n i'n hoff iawn ohono fe oedd Dan 'Speit', fel o'n i'n 'i alw fe. Fe gwrddes i â Dan tra o'n i'n chware'r organ yn y Tollgate, Penparcau. Ym Mhenparcau roedd e'n byw hefyd gyda'i wraig, Pat, a'i ferch, Sarah. Er nad oedd Dan yn gerddorol, roedd e'n gymeriad gwyllt ond hoffus. Gallai droi ei law at unrhyw waith labro fydde angen 'i neud, ac roedd fel ci ffyddlon a fydde'n neidio'n syth at ei waith.

Un tro, fe ffoniodd Ceinwen Bob y Plymwr o Chancery, a oedd yn gweithio gyda ni yn Spite, i ofyn iddo weud wrth Dan am aros amdana i ar y ffordd fawr, tu allan i Spite. Y bwriad wedyn oedd y bydden i'n 'i godi a mynd i ffwrdd ar hast i neud jobyn yn rhywle. Jôc ffŵl Ebrill oedd hyn i gyd, wrth gwrs, ac a dweud y gwir, ddylen ni ddim fod wedi ei neud. Ond 'na ni,

mae'n rhwydd dweud hynny nawr. Gan ei bod hi'n bwrw glaw
yn wael y diwrnod hwnnw. Chware teg i Ceinwen, fe wedodd
hi wrth Bob am fynd i weud wrth Dan i ddod 'nôl i'r tŷ ar ôl
pum munud o aros amdana i yn gwlybaniaeth. Ond a wrandodd
Bob ar Ceinwen? Naddo wir! Mae'i ymateb e'n dal i ganu yn 'y
nghlustie i hyd heddi: 'Gad y ff***r i aros mas 'na, achos mae
e'n wlyb domen nawr, beth bynnag. Eith e ddim gwlypach!'
A fan'na fuodd Dan druan, am tua hanner awr arall, ond fe
gymerodd y jôc yn iawn ac fe sbariodd rhag dal annwyd hefyd.
Fel 'na roedd hi, chi'n gweld, doedd hi ddim yn saff bod yn ein
cwmni ni o gwbwl. Wir, erbyn y diwedd, fe ddaeth Dan yn un
ohonon ni, ac fe gafodd e 'i fedyddio'n 'Dan Speit'.

Roedd Dan hefyd yn ddyn gonest iawn, ac yn dweud y blydi
lot wrthon ni! Fel mae gŵr a gwraig yn naturiol yn trial cael
plentyn, sylweddolodd Dan nad oedd dim byd yn digwydd iddo
fe a'i wraig am flynyddoedd. Fe gafon ni'r hanes llawn shwt
y buodd yn rhaid iddo fe anfon sampl *sperm count* i Ysbyty
Bronglais yn y diwedd, er mwyn cael neud profion arno fe. Fe
alle hwn fod yn fater eitha delicét, wrth gwrs, a doedd Dan
ddim am gael unrhyw fath o ffys. A be chi'n meddwl wnaeth
e? Anfon ychydig o bast papur wal atyn nhw, yn lle sampl go
iawn! Wrth gwrs, fe allwch chi ddychmygu beth oedd ymateb
yr arbenigwyr ym Mronglais ac fe gafodd e bregeth eitha llym
gan yr awdurdodau am neud hynny. Pwy arall wnele shwt beth
ond Dan, a wedyn sôn wrth y byd a'r betws am yr holl siang-di-
fang? Wrth gwrs, yn nes ymlaen fe gyrhaeddodd ei ferch Sarah,
cannwyll llygad Dan.

Cerddoriaeth a fi

Dwi wrth fy modd gyda cherddoriaeth. Pan fydda i'n chware rhyw ddarn o fiwsig, yn arbennig emyn, dwi ddim yn unig yn ei glywed ac yn gwrando arno, ond yn sylwi hefyd fel mae 'na un nodyn yn arwain i'r llall, a shwt mae'r cordiau'n datblygu. Ambell waith mae'n newid cyweirnod, a'r bas yn wraidd cadarn, a'r holl beth wedyn yn cyrraedd fy nghlustie wrth drafaelu drwy'r system sain neu drwy bibau'r organ. Mae'r holl beth yn dod yn fyw i fi wrth greu'r naws briodol, ac os oes geiriau'n priodi'n berffaith fel y maen nhw gydag emyn, wel, mae'r rheiny ond yn coroni'r cwbwl.

Profiad arall sy'n rhoi dim byd ond pleser i fi yw chware'r organ mewn cymanfa a thua chant o bobol yn canu pedwar llais, nerth eu pennau. Mae hynny'n deimlad ac yn brofiad gwefreiddiol. I fi, dyna'r profiad gore yn y byd, achos dwi fel arfer yn eistedd rhwng sain yr organ a'r dorf ac yn trial balansio'r cwbwl efo 'nghlustie.

Tase rhywun yn gofyn i fi ddewis rhai o'm hoff ganeuon i, fe fydde 'na sawl un yn dod i'r meddwl yn syth: 'The Intermezzo', 'Ave Maria' (Gounod), 'Nimrod', 'A Whiter Shade of Pale', 'Bridge Over Troubled Water' a'r 'Hummingbird Chorus'. Hefyd, dwi'n hoff iawn o gyfansoddiadau Handel a Karl Jenkins. A blynyddoedd 'nôl, roedd y canwr Jim Reeves hefyd yn ffefryn.

Pan fydda i'n gwrando ar artistiaid yn canu gwaith

cerddorol, prin yw'r unawdwyr sy'n canu'r gân yn y cywair gafodd hi 'i hysgrifennu'n wreiddiol. Pan fydda i'n cyfeilio i rywun, yn amal iawn fe fydd yn rhaid i fi chware'r gân mewn cywair arall. Mae Vernon Maher, er enghraifft, yn canu dau nodyn yn uwch na'r cywair gwreiddiol, ac mi fydda i wedyn yn addasu fel bo rhaid. Fe fydden i'n chwarae cân neu emyn mewn noson o adloniant weithie, a phopeth yn mynd yn ei flaen yn eitha da, fy ofn penna fyddai clywed rhyw lais uchel yn boddi'r cwbwl a'r nodau hynny ryw dri-chwarter octef yn uwch na phawb arall. Fe fydden i wedyn yn trio chwilio cywair i siwtio'r canwr a phawb arall yn gorfod tawelu. Cofiwch, roedd yn canu mewn tiwn, ond yn ei *pitch* ei hunan.

Yn y blynyddoedd cynnar, fe fydde Llew, fy mrawd yng nghyfraith, a fy ffrind Dai Thomas, yn dod 'da fi i lefydd efo'r organ. Doedd Llew ddim yn canu, ond roedd e'n mwynhau'r cwmni a'r cwrw. Saesneg oedd iaith gynta Dai, ond roedd e'n dwlu ar ganu ac ar sain yr organ, roedd e'n dwlu ar fiwsig yn gyffredinol. Yn amal iawn, bydde fe'n cydio yn y meic ac yn canu efo'r organ, er mwyn dihuno'r crowd fel petai. Dwi'n cofio'r noson yn 1979 pan aeth Ceinwen i'r ysbyty i eni Iona, ac ro'n i newydd eistedd wrth yr organ yn nhafarn y Beehive, Pencader pan ganodd y ffôn. Neges i fi oedd hi i frysio 'nôl ar unwaith i Ysbyty Bronglais i fod gyda 'ngwraig. Felly off â ni ar unwaith – Llew, Dai a finne – ac fe gethon nhw'r reid gyflyma erioed yn y car mawr melyn. Wel, doedd dim rhaid brysio cymaint yn y diwedd, achos gath Iona ddim ei geni tan y bore wedyn, ond o'n i ddim yn gwbod hynny ar y pryd.

Ambell waith, fe fydd yr awen yn galw heibio ac mi wna i 'bach o gyfansoddi – tonau ysgafn ar gyfer yr organ, neu emyn-donau gan fwyaf. Dwi wedi bod yn cystadlu mewn

eisteddfodau lleol a'r Eisteddfod Genedlaethol hefyd. Dwi
wedi llwyddo i ennill gwobr mewn ambell eisteddfod leol hyd
yn oed, ond dim byd yn y Genedlaethol, ond mae'r sylwade'n
hollbwysig achos eich bod chi'n dysgu tipyn drwy gael ymateb.
Mae pob beirniad wedi dweud hyd yn hyn bod yr emynau'n
'canu'n dda' ac mae hynny'n hollbwysig.

Yr emyn-dôn fwyaf poblogaidd dwi wedi'i chyfansoddi,
dwi'n meddwl, yw 'Brynyrychain', wedi'i henwi ar ôl fy
nghartre cynta, wrth gwrs. Mae ar fesur 8-7-8-7-8-7. Fel dwi
wedi sôn o'r blaen, yn y sol-ffa fydda i'n gweithio ac wedyn
yn cael rhywun i'w drosi i'r hen nodiant. Dwi wedi cyfansoddi
ambell ddarn clasurol hefyd ar gyfer gwasanaethau crefyddol,
ac fe fydda i'n chware'r rhain ambell waith, hyd yn oed ar yr
organ bib. Ond am ryw reswm, fydda i ddim yn chware'r tonau
ysgafn yn gyhoeddus, er 'mod i wedi recordio tair ohonyn
nhw ar CD: 'Carnival Fever', 'Trumpet Parade' a 'Dawns y
Dŵr'. Mae rhai o'r tonau dwi wedi'u cyfansoddi wedi cael
eu defnyddio gan berfformwyr fel Hogia Llandegai a Vernon
Maher ei hun.

Tase rhywun yn gofyn i fi ddewis fy hoff emyn-donau, o'r
holl rai sydd wedi'u cyfansoddi ar hyd y blynyddoedd, fydden i
ddim yn gwbod lle i ddechre. Erbyn hyn, dwi wedi dod i wbod
a chofio shwt gymaint o emyn-donau, fe fydden i'n ffindio
hi'n anodd iawn i dynnu rhestr fer o ddeg, hyd yn oed. Rhyw
ddiwrnod, dwi'n meddwl y bydde hi'n syniad da i gynnal
cymanfa ganu efo'n holl ffefrynnau, a fi'n chware, wrth gwrs.
Bydden i'n hapus iawn efo 'na.

Ma 'na tua chwe deg o emyn-donau gen i wedi'u recordio
ar ffeil MIDI, a'r bwriad oedd eu recordio ar grynoddisgiau
i'w chware mewn tai addoliad, pan na fydde organydd neu

offeryn ar gael. O'r chwe deg emyn-dôn yma, dyma fy hoff rai: 'Arizona', 'Arwelfa', 'Amanwy', 'Berwyn', 'Belmont', 'Clawdd Madog', 'Coedmor', 'Eirinwg', 'Garthowen', 'Godre'r Coed', 'Gorfoledd', 'Hyfrydol', 'Llwynbedw', 'Mair', 'Mor Fawr Wyt Ti', 'Mount of Olives' (Dismissal), 'Ombersley', 'Pennant', 'Penmachno', 'Rhondda', 'Saffron Walden', 'Sicrwydd Bendigaid', 'Sirioldeb'. Enwau pert bob un. Dyna'r *top twenty* fel petai, ond mae 'na gymaint o rai eraill dwi'n eu hoffi hefyd! Cofiwch chi, dwi ddim yn honni fy mod i'n arbenigwr yn y maes yma, ond pan ddaw'r awen i gyfansoddi emyn-donau fy hun, 'sdim stop arna i wedyn nes bod y dôn wedi'i chwblhau. Mae'n well gen i fod y dôn yn 'dod' i fi, ond ambell waith wrth gwrs, mae gofyn creu'r dôn, ac mae rheolau cerddorol i'w dilyn, a sai'n 'u gwbod nhw i gyd. Bydden i'n falch iawn pe bai rhywun yn rhoi gwersi i fi ynglŷn â hyn. Dyw hi byth yn rhy hwyr i ddysgu.

Pan fydda i'n mynd ati i gyfansoddi emyn-donau fy hun, fe fydda i'n sgwennu'r alaw yn gynta, hynny yw y llinell uchaf, ac wedyn sgwennu'r bas a gan amla mi fydda i'n gorffen efo'r soprano a'r tenor yr un pryd, a'r cwbwl yn y sol-ffa, wrth gwrs. Ar ôl gorffen y gwaith a'r cyfansoddiadau wedi'u trosi i hen nodiant hefyd, mae popeth wedi'i neud – yn y gorffennol, dwi wedi bod yn lwcus iawn i gael tipyn o help i neud hyn. Hoffen i ddiolch i Geraint Thomas a'i ddiweddar wraig, Margaret, gynt o Lanbadarn. Hefyd i Siân Evans, Llanddeiniol; Myfi Evans, Llanrhystud a Glenys Griffiths, Llwyneithin, Bethel, Caernarfon, am osod hen nodiant efo'r cyfrifiadur – teidi iawn. Dwi'n ddiolchgar iawn iddyn nhw i gyd am eu gwaith a'u cymorth ar hyd y blynyddoedd. A dyma pryd, ar ôl i'r trosi ddigwydd, mae'r camgymeriadau i'w gweld. Mae 'na tua tri ar hugain o gyfansoddiadau gen i erbyn hyn, siŵr o fod, heb sôn am donau ysgafn.

Trwy gyfrwng y sol-ffa y bydda i'n darllen a sgwennu miwsig, fel y'ch chi'n gwbod, ac roedd 'na hen wncwl i Mam, sef Wncwl Ifan, neu Evan Pugh, o Rymni, yn ysgolhaig yn y maes hwn. Roedd e hefyd yn eglwyswr o fri, yn *high church*. Fe ddaliodd Wncwl Evan bron bob swydd oedd yn bosib i leygwr yn yr Eglwys yng Nghymru, ac er pan oedd e'n bymtheg oed, fe oedd arweinydd amryw o gorau fel côr y plwyf a'r côr Cymraeg. Yn drist iawn, fuodd e farw ar fore dydd Nadolig 1961, yn 91 mlwydd oed. Yn ôl Mam, Evan oedd yn gyfrifol am gael gafael arna i yn y lle cynta, cyn iddi hi a 'Nhad fy mabwysiadu. Felly mae fy nyled i'n fawr iawn i Wncwl Evan.

Gan 'mod i'n sôn am y sol-ffa, dwi ddim yn deall pam nad yw'r sol-ffa yn cael ei ddefnyddio cymaint y dyddie 'ma, achos flynyddoedd yn ôl, roedd llawer mwy o bobol yn dysgu canu fel hyn. Fe fyddech chi'n gweld sol-ffa hefyd mewn darnau unigol, ar gyfer corau, cymanfaoedd canu, *responses* gwasanaethau'r eglwys a'r salmau, ac roedd e'n ffordd o ddod â miwsig i'r dyn cyffredin. Na, sai'n credu ei fod e'n cael ei ddefnyddio hanner digon y dyddie 'ma. Does bosib fod pob canwr yn deall hen nodiant, p'un ai ei fod yn canu'n unigol neu mewn côr. Os y'ch chi am ddysgu cân, yna mae'r sol-ffa yr un peth ym mhob cywair. Er wedi dweud hyn i gyd, peidiwch â meddwl bo fi yn erbyn hen nodiant – fi sy'n frwdfrydig o blaid y sol-ffa!

Dwi wedi bod yn ffodus ar hyd y blynyddoedd hefyd i fedru recordio chwe CD hyd yn hyn, a hynny drwy gydweithrediad Eifion Williams o gwmni recordio Talent Cymru, Vernon Maher, a'r brodyr Richard a Wyn Jones o gwmni recordio

Fflach yn Aberteifi. Pwy a ŵyr, falle daw rhagor o CDs eto rhyw ddydd. Mae gen i ddigon o ddeunydd wedi'i recordio ar yr organ yn barod i lenwi dau CD arall, sef yr emyn-donau poblogaidd a cherddoriaeth ar gyfer twmpath dawns. Mae recordio gartre'n rhoi llawer iawn o bleser i fi a phan mae'r cwbwl yn cael ei ryddhau ar CD, mae'n dod â phleser i bawb arall hefyd, gobeithio.

Fy hoff organydd ar organ drydan yw'r diweddar Klaus Wunderlich, o'r Almaen. Roedd hwn yn chware miwsig o bob steil, o'r clasurol i *jazz* a phop, ac o'r baledi i'r traddodiadol. A'm hoff gerddorfa yw'r un o dan arweiniad James Last, Almaenwr arall. Fy hoff grŵp pop wedyn yw Abba – a dwi'n eich annog chi i wrando ar y tri hyn ac yn addo y cewch chi wledd o fiwsig da. Dwi wedi cael fy ysbrydoli'n fawr gan yr arwyr hyn pan dwi'n canu'r organ.

Fel mae rhai ohonoch yn gwbod, dwi hefyd yn hoffi 'atgyfodi' hen ganeuon gwerin brodorol, a dwi'n meddwl eu bod nhw'n gweithio'n eitha da wrth ganu organ neu biano neu unrhyw offeryn tebyg. Dwi hefyd yn aelod o'r Cinema Organ Society, cymdeithas sy'n gwarchod ac yn hybu'r defnydd o'r math yma o organ, sef organ fecanyddol sy'n defnyddio gwahanol bibau ac offerynnau o bob teulu o'r gerddorfa, a'r cwbwl yn cael ei drafod gan un person – yr organydd.

Dwi hefyd yn hoffi casglu ambell organ nodweddiadol. Mae sawl un gen i yn y stiwdio, yn ogystal â phiano a phedwar acordion. Odw, dwi'n hoffi chware'r acordion hefyd, yn arbennig os yw'r sain *musette* arno, ac mae'n handi i'w chware yng nghanol crowd er mwyn cael codi hwyl, ac wrth gwrs, 'sdim ise trydan. Mae'n dod yn handi hefyd os bydd ise canu yn rhywle ar fyr rybudd, neu fel bac-yp rhag ofan i'r organ fethu â thanio ryw nosweth. Ond dyw hyn ddim wedi digwydd erioed, am wn i.

Mae'r piano, wedyn, yn offeryn hollol wahanol i'r organ a'r acordion. Mae'r piano angen ei chware'n go iawn, wedwn ni. Hynny yw, mae'n amlwg fod yn rhaid defnyddio'r ddwy law i'r eitha, a chreu'r sain hyfryta y gall dyn ei chreu. Mae'n offeryn da iawn i ymarfer arno, a dwi'n mwynhau canu'r piano, er mwyn fy mhleser fy hun. Mae 'na groeso cynnes i unrhyw un alw draw am donc rywbryd ar unrhyw un o'r offerynnau.

Fi a'r organ ... 'sdim dal ble!

Ar ôl gadael y Gwerinwyr, fe fues i'n lwcus iawn i gael tipyn
o wahoddiadau i chware mewn amryw o ddigwyddiadau. Alle
hi'n rhwydd iawn fod wedi mynd y ffordd arall, ond dim fel 'na
fuodd hi. Odi, mae'r organ a finne wedi cael y cyfle i deithio
i bob cwr i ddiddanu – mewn dawnsfeydd, tafarnau, clybiau,
nosweithiau llawen a chymanfaoedd. Roedd galw mawr am
y math yna o beth flynyddoedd yn ôl, mwy o lawer na be sy
heddi.

Dwi'n siŵr y byddech chi'n synnu wrth glywed am rai o'r
llefydd anarferol dwi wedi bod efo'r organ fach. Fues i un tro'n
chware'r organ ar ben to siop Woolworths, Llanelli, a hefyd
yng ngorsaf drên Aberystwyth. Fues i un tro hefyd yn cyfeilio i
Vernon, ar y creigie ger afon Teifi yng Nghenarth. Roedd hynny
ar gyfer ffilmio rhaglen *Heno* ar S4C. Roedd yr afon yn llifo'n
swnllyd yn y cefndir, a dyna i chi beth oedd profiad, achos nid
dyna'r lle delfrydol i gyfeilio, er bod yr olygfa yn un bert. Ro'n
i lan ar y creigie, tu ôl i ryw sietin, er mwyn cysylltu'r *cables*
o'r organ i'r cyflenwad trydan, ac roedd e, Vernon, ar ben y
graig wrth ochr yr afon, yn canu 'Taith Teifi', a dim un ohonon
ni'n gallu gweld ein gilydd, heb sôn am glywed ein gilydd.
'Na beth oedd pantomeim! Cyn belled ag ro'n i'n gwbod, galle
Vernon fod wedi baglu a chwmpo ar ei ben i'r dŵr.

Oes, mae 'na sawl cyfle wedi bod i berfformio ar raglenni
teledu ar hyd y blynyddoedd. Un tro fues i'n perfformio yn yr

awyr agored mewn parc carafannau ger Ceinewydd. Dro arall,
fues i'n canu'r acordion i ryw fenyw'n canu'n fyw ar *Heno* eto,
o Garej Gravells yng Nghydweli, sir Gaerfyrddin y tro hwn.
Roedd y ddau ohonon ni i'n gweld yn blaen ar y teledu felly
doedd dim lle i unrhyw fistêcs. Ond fe ddigwyddodd anffawd go
embarasing y noson honno. Mae 'na ddwy strapen ar yr acordion
– un ar y top a'r llall ar y gwaelod – er mwyn cadw'r fegin
ynghau. Cyn y rhaglen fyw, ro'n i wedi anghofio datod y strapen
ar waelod yr acordion. Gan bo fi ddim wedi tynnu honno o 'na,
bob tro fydden i'n tynnu'r acordion mas, fydden i'n methu'i
dynnu mas ddigon i gael digon o wynt. Dim digon o wynt, dim
digon o sŵn. Felly ro'n i'n gorfod ei wasgu fe 'nôl mewn wedyn
yn go handi. Ond wrth chware'r offeryn a'r camerâu yn dal i fy
ffilmio i, roedd un llaw gen i o dan yr acordion yn trial datod y
strap. A tasech chi wedi gwylio'r noson honno, wir i chi, trial
tynnu'r strapen ro'n i ac nid chware'n wyllt â 'nghopis fel rhyw
idiot. Roedd y cyfan yn edrych yn amheus iawn ar y sgrin. Fe
lwyddes i'w datod cyn diwedd y gân, diolch byth. Yn eironig
iawn, enw'r gân ro'n i'n ei chware oedd 'Non, je ne regrette rien',
ond ro'n i wedi hen ddifaru ers amser …

Fues i yn canu'r organ mewn cestyll hefyd ar un cyfnod, yng
Nghastellnewydd Emlyn, a Chastell Caerdydd, a hynny o flaen
Carlo ei hunan, pan o'n i gyda'r Gwerinwyr. Cofiwch chi, weles
i sawl sgubor ar hyd y blynyddoedd hefyd, ac ro'n i'r un mor
gartrefol mewn castell ac ar glos fferm. Ble oedd y lle mwya
gwyllt i fi fod ynddo fe? Wel, o flaen cynulleidfa o tua 4,000 o
bobol ym mhabell yr aelodau yn Sioe Frenhinol Cymru am sawl
blwyddyn. Fydden i'n mynd 'na erbyn hanner awr wedi deg y
bore, neud rhyw stint o ddwy awr ar yr organ; hoe fach am ddwy
awr wedyn, cyn mynd 'nôl 'to a pherfformio am dair awr arall,

a fel 'na fydde hi tan tua hanner awr wedi deg y nos. Roedd wastad awyrgylch hapus, cyfeillgar 'na a dim trwbwl o gwbwl. Pawb yn canu ac yn mwynhau, o'r bois a'r merched ifanc i bobol yn eu hoed a'u hamser. Ro'n nhw'n mwynhau gymaint nes bo nhw'n dringo'r polion oedd yn dal y babell, a hyd yn oed yn dawnsio ar ben y byrdde. Roedd hi'n waith caled i fi i gadw i fynd am yr holl oriau, ond ro'n i yn cael tipyn o hwyl hefyd a thipyn o agoriad llygad ar adegau.

Ble meddech chi yw'r man pella dwi 'di bod i berfformio? Clwb Rygbi Cymru Llundain yn Grays Inn Road falle. Fues i wedyn yn chware tra ro'n i ar wylie yn Lanzarote ar ôl hedfan am y tro cynta erioed. Ces i'r fraint o chware mewn dau wasanaeth cymun o dan arweiniad y Tad John R. Jenkins yn eglwysi Playa Blanca a Teguise. Roedd y gynulleidfa yn llawer mwy niferus na'r rhai yn y wlad 'ma. Ond nid dyna'r unig dro i fi chware dramor, chwaith. Fe fues i hefyd yng nghymanfa ganu'r Welsh Heritage Days a gynhaliwyd yn Rio Grande, Ohio.

Pan fydda i'n canu'r organ, ac os yw'r sefyllfa'n caniatáu, dwi'n trial cael noson o hwyl, sbort a sbri. Dwi hefyd yn falch iawn o gael canu'r organ mewn gwasanaethau priodas, ac angladdau, a dwi hyd yn oed wedi chware mewn amlosgfeydd. Ac oes, mae'n rhaid i fi newid fy 'act' ar gyfer bob achlysur. Ond, yn fy marn i, 'sdim digon o wenu, chwerthin a chanu yn digwydd yn y byd 'ma, mae 'na ormod o ryfela a gwrthdaro a phob un drosto'i hunan. Ond mae miwsig yr un peth ym mhob iaith, naill ai'n ddwys neu'n llawen.

Ar ôl noson o ganu'r organ, yng nghanol y sŵn a'r sbort a'r sbri, mae'n braf iawn cael treulio'r diwrnod canlynol yn nhawelwch y wlad; y coed a'r caeau, y môr a'r glannau a hynny rhywle rhwng Felin-fach, Llanrhystud ac Aberystwyth. Dwi'n hoff o gerdded, yn arbennig ar hyd arfordir Ceredigion. Trwy gydol fy mywyd, rywsut, does dim digon o amser wedi bod i neud hyn, a gobeithio o hyn ymlaen y bydda i'n gallu newid peth ar hynny. Pan o'n i'n byw yn Spite, Llanddeiniol, ro'n i ond deng munud o lwybr yr arfordir, a hop, cam a naid o'r tŷ roedd 'na fryn bychan yr ochr draw i'r cae, lle fydden i'n gallu gweld panorama o'r rhan fwyaf o'r sir, a hefyd yr arfordir lawr am Geinewydd, ac ambell waith mor bell ag Ynys Aberteifi. Fe dreulies i a'n ffrind penna ar y pryd, Shep y spaniel, oriau diddiwedd yn crwydro lan a lawr llwybr yr arfordir, gan sefyll bob hyn a hyn, a mwynhau tangnefedd a sain hudolus y tonnau. Ambell waith, fe fydde hyn yn fy ysbrydoli i gyfansoddi ychydig o fiwsig, felly roedd gofyn bod papur a phensil gen i yn fy mhoced. Fe fues i droeon ar y traeth yn casglu coed i ddod adre. Yr unig broblem fan hyn oedd bod yn rhaid i mi eu cario nhw ar fy ysgwydde yr holl ffordd i fyny'r graig a thrwy'r caeau. Roedd yn cymryd llawer mwy na deng munud i gyrraedd adre bryd hynny.

Un tro, wrth gerdded wrth ymyl y môr am Garreg Ti-pw ger Llanrhystud, fe weles gadwyn angor enfawr, ac mae hi yno o hyd, fwy na thebyg, ac roedd pob linc siŵr o fod yn mesur tua dwy droedfedd. Roedd hi'n anferth. 'Sgwn i o ba long ddaeth honno? 'Sdim dal be welwch chi wrth gerdded. Mae'n well o lawer gen i fod ar ben fy hun wrth gerdded, allwch chi fynd a dod fel y mynnoch. Weithie bydden i'n cynnau tân ac yn ffrio ŵy a bacwn mewn ffreipan fach ar fy nhrafels â fy nghyllell a fforc ffyddlon gyda fi – bydde fe'n flasus iawn. Mae'n od shwt mae bwyd yn blasu'n well yn yr awyr agored, 'sdim gwahaniaeth pa mor syml yw'r pryd.

Dyma rybudd i chi os y'ch chi'n cerdded ger y môr, mae'n rhaid i chi neud yn siŵr eich bod chi'n gwbod os yw'r llanw ar ei ffordd allan neu ar ei ffordd i mewn, achos fe allwch chi gael eich dala'n ddiarwybod ac yn gyflym iawn. Nid llinell syth yw glan y môr, ac fe allwch chi gael eich torri bant o'r tir mawr yn rhwydd iawn, fel y digwyddodd i fi unwaith. Yr unig ffordd i fi ddianc, oedd mynd am i fyny. A beth oedd yno? Dim ond creigiau serth. Gyda phwyll ac amynedd, es i lan yn ara bach, gan naddu stepie yn y graig ar gyfer fy nwylo a 'nhraed, tan i fi gyrraedd tir glas. Erbyn hyn, o fewn hanner awr, roedd y môr yn taro'n erbyn y creigie. Dyna beth oedd rhyddhad. Fydde ni ddim wedi cael yr un help o unman achos doedd dim mobeils bryd hynny, a doedd Mam a 'Nhad yn gwbod dim lle'r o'n i, a doedd hyd yn oed Shep y ci ddim gen i'r tro hwnnw.

Os y'ch chi'n hoff o gerdded, mae 'na un lle yng Nghymru y dylech chi'n bendant fynd i gerdded iddo. Dyna be wnes i, ganol mis Hydref 2005 pan benderfynodd Ceinwen a fi fynd am ddiwrnod efo ffrindie i ni, Caroline a Des, am sbin yn y car i'r gogledd. Ro'n i am fentro dringo'r Wyddfa! Ac nid mentro ar y trên bach o Lanberis chwaith ond cerdded y llwybr o'r briffordd A4086 i fyny tuag at y mynydd mawr ei hun. Dyma'r tro cynta i Ceinwen a fi fentro i ddringo'r Wyddfa o gwbwl, felly fe gymron ni'n hamser ar y daith, gan aros yn hamddenol er mwyn neud y mwya o'r golygfeydd godidog oedd o'n cwmpas ni. Roedd yn rhyfedd gweld bod y llynnoedd o tanom yn mynd yn llai bob tro y bydde ni'n aros i gael hoe. Pan gyrhaeddon tua hanner ffordd i fyny'r mynydd, fe adawodd Ceinwen a Caroline ni, a throi am 'nôl, roedden nhw am gwrdd a fi a Des erbyn i ni ddod 'nôl lawr.

Wrth i ni gerdded yn uwch ac yn uwch, a'r llynoedd yn

ddim mwy na maint ceiniog erbyn hyn, doedd dim sŵn aderyn i'w glywed hyd yn oed, dim ond tawelwch perffaith, a ninne'n gwrando'n astud ar y dim byd. Fe gyrhaeddon ni'r copa, ac wrth i'r cymylau glirio'n araf, fe welson ni ogledd Cymru ar ei gorau godidog ar ddiwrnod clir o Hydref. Ro'n i'n dal i fod yn gwisgo siorts a fest. Oedd, roedd hi'n fendigedig yno ac roedd bwyta tocyn ar y copa yn nefoedd. Diolch byth bod y gyllell a'r fforc yn y bag unwaith eto.

Roedd rhaid cerdded i lawr y llwybr yr holl ffordd i Lanberis, a phan gyrhaeddon ni ddiwedd y daith, ro'n i wedi blino cymaint fel yr es i orwedd yn fflat ar fy nghefen ar y llawr, wrth draed Ceinwen. Ro'dd e wedi bod yn brofiad bythgofiadwy, yn werth pob cam, ond ro'n i wedi synnu pa mor anodd oedd hi i gerdded lawr y mynydd, bron yn anoddach na dringo i fyny, achos roedd straen ar y coese i ddal 'nôl rhag ofan fydden ni'n llithro ar y cerrig mân. Ond dwi'n falch iawn 'mod i wedi cyrraedd y copa tra 'mod i'n gallu ac am ychydig eiliadau fi oedd dyn talaf Cymru yntê. Mae'n bendant werth cerdded i ben yr Wyddfa, fe fydden i'n annog pawb i neud. Y tro nesa, falle fydden i'n mynd â'r organ gyda fi.

Na, 'sdim byd yn well gen i na mynd i gerdded yn yr awyr agored, yn enwedig mewn ardal mor bert â Cheredigion. Mae cerdded yn gyfle i lonyddu'r enaid. Odi, mae'n braf bod yng nghanol prysurdeb y dorf mewn noson o adloniant, ond mae 'na fwyniant arbennig i'w gael mewn tawelwch, hefyd, ar eich pen eich hun. Fel 'na dwi'n charjo'r batris.

Ffeiyr awê Ffaro!

Os mai fel 'Ffyrgi' ro'n i'n cael fy nabod yn yr ysgol, mae'r rhan fwya o bobol yn fy nghysylltu â'r enw 'Ffaro' erbyn hyn. Alla i ddim hawlio'r enw Ffaro i'n hunan, ond ry'n ni'n 'i ddefnyddio fe'n amal fel teulu. Fe fyddwn ni'n dweud, 'Hei, Ffaro! Dere ma!' neu 'Twll dy din di, Ffaro!' a dwi'n siŵr fod sawl un ohonoch chi wedi clywed yr ymadroddiad 'Ffeiyr awê Ffaro' erbyn hyn os y'ch chi'n gwrando ar raglen Tommo bob prynhawn rhwng dau a phump ar BBC Radio Cymru.

Y tro cynta i fi gael fy nghysylltu â'r enw Ffaro oedd ar ôl i fi fod yn gwylio'r gêm rygbi, rhwng Cymru a'r Alban yn 2012. Er nad ydw i'n gefnogwr selog, dwi *yn* mynd yn ecseited iawn wrth wylio'r gemau rhyngwladol yma a dwi'n siŵr fod yna gannoedd yr un peth â fi. Ond fe ges i 'nala! Do, gan gamera mobeil ffôn fy mab Owain, ac os nad y'ch chi wedi darllen y papurau newydd neu wedi gweld y clip ar YouTube eto, wel, jyst edrychwch ar Google – *the rest is history*, fel maen nhw'n dweud. Mae 'na dros 100,000 o bobol ledled y byd wedi gwylio'r clip 'na erbyn hyn. Yn y clip, fe glywch chi'r dywediad lliwgar 'F*** mi Ffaro!' Mae hyd yn oed mwy o bobol yn dweud hynna erbyn hyn. Ac am y rhegi? Wel, sai'n credu 'mod i'n rhegi'n fwy na neb arall, cofiwch, ond 'sdim amheuaeth gen i fod y clip yma wedi dod â gwên i wyneb sawl un dros y byd. Dwi'n gwbod am rai oedd yn isel 'u hysbryd, sydd wedi'i wylio ac wedi teimlo'n well. Ac os yw hynny'n wir, yna dyw e ddim wedi bod yn beth drwg, wedi'r cyfan.

Dw inne hefyd wedi cael tipyn o sylw yn achos hyn i gyd, cofiwch. Dwi a'r organ wedi bod mewn hysbysebion, a chael y cyfle i ymddangos ar y teledu ar raglenni fel *Heno* a *Jonathan*. Ar raglen *Jonathan* gwrddes i ag Eirlys Bellin am y tro cynta. Eirlys sy'n chware rhan y cymeriad comedi hwnnw, y ferch sy'n dwlu'n bot ar rygbi, Rhian 'Madamrygbi' Davies. Ac yn sgil yr holl sylw hyn i gyd, ers Mawrth 2014 dwi wedi cael slot fach ar raglen radio boblogaidd Tommo yn y prynhawniau.

Yn rhyfedd iawn, 'sdim gwahaniaeth ble fydda i, fe fydd 'na rywun yn rhywle yn siŵr o fy nabod i. Pan mae hynny'n digwydd, mae'n rhaid bod yn gwrtais, a siarad â nhw. Ambell waith, dwi'n gorfod tynnu hunlun neu *selfie* efo nhw. Erbyn hyn hefyd, dwi ar Facebook – Madwelshman Bry ydw i ar hwnnw. Shwt ges i'r enw 'na, 'sgwn i? Ond dwi ddim yn diweddaru'r cynnwys arno fe fy hunan … achos dwi ddim yn gwbod shwt mae neud. Dwi'n lwcus bo gen i deulu sy'n deall compiwtyrs i neud hynny ar fy rhan i. Ond os ydych chi wedi fy ychwanegu fel 'ffrind', wel mae 'na dipyn o lunie diddorol ar fy nhudalen Facebook i chi gael eu gweld. Mae Eirlys 'Madamrygbi' yn un o'r ffrindie sydd ar fy nhudalen. Fe ges i'r fraint o gwrdd â hi pan alwodd i ffilmio yn ein cartre ym Mhenrhyn-coch. Ac roedd yn fraint iddi hithe hefyd cael chware fy organ i – nage, dim yr un y'ch chi'n ei feddwl, ond yr Yamaha enwog …

Ar ôl yr holl ymddangosiadau, cyfweliadau, yr hysbysebion ar y cyfryngau ac wrth gwrs yr hits ar YouTube, roedd yn rhaid achub mantais ar y sylw, a recordio CD arall wedyn, sef *Canwch y Diawled – F*** Mi, Ffaro!* Fe recordies i honno ar gyfer y ffans a fydde'n mynd ar drip bws i gêm rygbi neu rywbeth tebyg, lle fydden nhw'n medru canu nerth eu pennau, i gyfeiliant fi a'r organ, ac mae 'na eiriau ar gael i gyd-fynd â'r CD hefyd. Fe fydda i'n cael fy nghysylltu â'r clip YouTube gwyllt 'na am byth nawr.

Dwi'n dal i fod yn gwylio gemau rygbi rhyngwladol, hyd heddi … yn fy nghartre, cofiwch. Tasen i'n gwylio'r gêm mewn tafarn neu glwb yn rhywle, wir, bydden i fel idiot yng nghanol pawb. Dwi'n frwd iawn dros y tîm rygbi cenedlaethol. Mae gan Undeb Rygbi Cymru hyfforddwyr ar gyfer gwahanol agweddau o'r gêm, ond bydden i'n fodlon bod yn hyfforddwr seicolegol i'r tîm cenedlaethol am ddim, i neud yn siŵr eu bod nhw'n ennill bob tro. Dwi'n deall bod cefnogwyr yn eistedd o amgylch byrddau mewn clybiau rygbi ar draws y wlad ond tasen *i* yno, alla i weud wrthoch chi nawr, eistedden i ddim am bum munud – bydde'n rhaid i fi neidio lan a lawr a gweiddi fel eliffant tra bod y gêm yn mynd yn ei blaen. 'Na gyd sydd ei ise ar y bois 'ma yw cynhyrfiad seicolegol – mae popeth arall gyda nhw. Ond peidiwch â meddwl bo fi'n arbenigwr ar y gêm rygbi o bell ffordd. Dydw i ddim. Ond fydda i ddim yn cytuno efo shwt mae'r tîm yn chware bob tro ac ambell waith dwi'n teimlo y gallen i gymell y tîm yma i ennill yn fy ffordd fach fi fy hun, ar ôl cael dau beint o gwrw, falle? Yn sicr mae ise cryfder corfforol arnyn nhw ond mae ise cryfder yn y meddwl hefyd, 'sdim amheuaeth gen i am hynny. Ond dyna fe, pwy sy'n mynd i wrando arna i?

Ry'ch chi'n deall nawr sut dwi'n cael fy nghynhyrfu'n rhacs wrth wylio gêm, ac os dwi fel hyn yn fy nghartre fy hunan, pa fath o stad fydden i wedyn mewn tafarn neu glwb, dwi ddim yn gwbod. Fe fydde'n saffach i fi aros adre achos alla i ddim dala 'nheimlade i 'nôl. Un peth arall dwi'n teimlo'n gryf amdano fe yw nad oes hanner digon o ganu yn y crowd sy'n dod i wylio'r gêm – dim ond tamed bach bob hyn a hyn, dim fel ag yr oedd e 'nôl yn y saithdegau. Dwi'n digwydd cofio, a falle bo chithe hefyd, clywed 'Calon Lân' a chytgan 'I Bob Un sy'n Ffyddlon' yn cael eu canu'n ddi-dor pan fydde tîm Cymru'n ennill tir. A dyma lle allen i helpu. Un freuddwyd fawr sy gen i yw cael canu'r organ am ryw awr (ie, awr) yn Stadiwm y Mileniwm i gael codi'r canu cyn dechre'r gemau rhyngwladol. Hyd yn oed pe bawn i'n chware am yn ail â'r côr neu'r band. Bydde'n ddigon hawdd chware a chanu caneuon tebyg i'r rhai sydd ar fy CD *Canwch y Diawled* a hyd yn oed iwso'r dechnoleg ddiweddara er mwyn dangos y geiriau ar y sgrin fawr yn y stadiwm. Mae'n syniad uchelgeisiol, falle, ond ddim yn amhosib. Gelen i nhw i ganu! Ac fe fydde'n siŵr o roi hwb i'r tîm cenedlaethol, ac yn rhan bwysig o'r gweithgareddau cyn i'r gêm ddechre. Fydde dim byd yn rhoi mwy o bleser i fi na hynny.

Yn ddiweddar dwi wedi clywed am fodolaeth Ffaro arall, ond un pedair coes y tro hwn. Mae gan deulu Elwyn Jones, Llain-wen, Ciliau Aeron, geffyl, ac maen nhw wedi'i enwi yn 'Ffaro'. Pan glywes i hynny, ro'n i wrth fy modd – 'sdim ise enw gwell ar geffyl – eiff e'n bell. Os fydd e'n cystadlu mewn rasys yn y dyfodol, bydd yn rhaid i fi ei gefnogi, a rhoi bet arno. Dwi'n falch gweld bod yr enw'n cael ei ddefnyddio, a phwy ŵyr, falle bydd caffi'n agor yn rhywle rhywbryd a'i enwi'n 'Ffaro's Food'. 'Co fi 'to, yn meddwl am fwyd.

Er 'mod i'n hoff iawn o anifeiliaid, fues i erioed yn berchen ar geffyl. Fydden i ddim yn malio cadw ffowls, achos mae 'na rywbeth hamddenol mewn clywed ieir yn clochdar a'u gweld nhw'n crafu am fwyd ar wyneb y tir. Wedi dweud hynny, gadwen i fyth fochyn, am ei fod e'n neud shwt gymaint o lanast ar ei ôl. Ond fe allen i wylio mochyn drwy'r dydd, a hyd yn oed siarad gydag e, wir. Mae'n ddoniol gweld mochyn yn gorwedd yn ei hyd, ac wedyn trial cyfathrebu efo fe ac mewn sbel, mae ei glustie a'i drwyn yn dechre symud, ac yn ymateb i beth dwi'n trial dweud wrtho fe. Cofiwch chi, dwi'n deall fawr o ddim *am* foch, ond bob tro y bydda i'n mynd i sioe, fe fydda i'n siarad â nhw, ac yn cael llawer o hwyl. Er 'mod i'n hoffi bacwn a phorc, allen i fyth â lladd mochyn nag unrhyw greadur arall fy hunan. Dwi'n meddwl bod y mochyn yn dipyn o gymeriad.

Dwi wedi sôn yn barod am y corryn, o'r dyddie pan o'n i'n byw ym Mrynyrychain. Fe allen i adael i gorryn gerdded dros fy mreichie, a synnu at shwt mae'n medru symud mor glou. A dweud y gwir, dwi'n credu bod gan y corryn mwy o ofan ohonon ni nag sydd gyda ni ohono fe. Chi'n gweld, fe sydd wastad yn dianc!

Be sy'n gas gen i …

Tybed be sy'n mynd o dan eich croen chi? Mae ganddon ni i gyd rywbeth sy'n ein gwylltio ni, neu'n ein cynhyrfu ni, rhyw bethe sy'n ein neud ni'n grac. Pan dwi'n mynd yn grac, dwi'n dueddol o fytheirio a jyst â thorri 'mola ise dweud fy nweud, wel, dyma fi'n cael cyfle i neud hynny fan hyn. 'Co fi off …

Yn gyffredinol, dwi ddim yn hoffi wast, gwastraff bwyd yn arbennig. 'Sdim byd yn waeth na gwastraffu bwyd – chi'n gwbod 'mod i'n hoffi 'mwyd yn ofnadw, a dwi'n teithio o le i le gyda chyllell a fforc yn 'y mhoced yn barod am bob cyfle i lenwi 'mol. Dwi ddim yn hoffi gwastraffu unrhyw beth all fod o ddefnydd rywbryd eto chwaith, a dyna pam dwi'n dueddol o gadw pob peth, rhag ofan fydd ei angen eto, i neud rhywbeth arall. Un peth arall sy'n mynd o dan fy nghroen i yw sbwriel. Mae pobol mor ddibris o bethe ac yn taflu pethe bant yn ddifeddwl. Os teithiwch chi filltir yn unig ar yr hewl, mae 'na wastad rybish i'w weld; ambell waith, fe fydda i'n neud yn siŵr fy mod yn ei godi os bydda i'n digwydd bod yn cerdded heibio, a'i roi yn y bin.

Mae'n gas gen i fod mewn ciw; a dweud y gwir, mae'r gair yn codi 'ngwrychyn i hyd yn oed, mae tagfa neu dagfeydd yn well geiriau o lawer. Na, dwi ddim yn hoff o fod mewn tagfa yn y banc, mewn siop, neu ar y ffordd. Bydde'n well gen i ddod 'nôl nes ymlaen, ond os y'ch chi ar y ffordd, 'sdim dewis 'da chi ond aros, a wedyn dwi'n dechre dweud y drefn wrth bwy bynnag sy'n ddigon anffodus i eistedd ar 'y mhwys i.

Mae'n gas gen i orfod delio ag unrhyw un sy'n trial gwerthu rhwbeth i chi, naill ai wrth ddrws y tŷ neu dros y ffôn, neu mewn siop hyd yn oed. Maen nhw fel arfer ar eich pen chi'n syth, a'r cyfan ry'ch chi am ei neud yw edrych ar bethe yn hamddenol ac yn eich amser eich hunan, heb fod o dan unrhyw bwyse i brynu. Yn amal iawn, os clywa i, 'Alla i'ch helpu chi?' dwi'n ei sgathru hi drwy'r drws yn go glou.

Wedyn, mae 'na estroniaid yn eich ffonio chi o wlad bell, ac yn gofyn am yr un enw dro ar ôl tro, a'r person hwnnw ddim wedi byw yn eich cartre erioed, a fedra i ddim darbwyllo'r dyn ar y ffôn mai'r rhif anghywir yw'r rhif yma. Fe alla i weud wrthoch chi'n onest, dwi 'mhell o fod yn gwrtais wrth y bobol 'ma, a phan maen nhw'n ffonio, mae 'na regfeydd go ffyrnig yn dod o 'ngheg i wedyn. Druan â nhw – nid eu bai nhw yw e, am wn i, ond maen nhw'n 'y nghorddi i go iawn.

'Fyth ni allaf fod yn well.' Dyna'r dywediad yntê? Wel, mae'n gas gen i ryw Sais uchel ei gloch sydd wedi neud y cwbwl ac yn gwbod popeth am bob dim, ac mae 'na ddigon o'r rheiny i'w cael, ond oes e? Heb enwi neb, wrth gwrs! Mae 'na ambell Sais wedyn, neu ambell i Gymro o ran hynny, sy wastad â'i drwyn yn yr aer, yn rhy dda i siarad â phobol. Pwy maen nhw'n feddwl y'n nhw? Beth sy ise'i neud fan hyn yw eu tynnu nhw lawr ryw beg neu ddau. Mae pob un yn gorfod sychu ei din ei hunan, on'd yw e?

Un peth arall sy'n gas gen i yw golchi 'ngwallt. Gredwch chi? Mae e'n dân ar 'y nghroen i go iawn. Mae hyn yn fwy gwir yn y gaeaf pan fydd popeth yn oer o'm hamgylch. Dwi ddim yn hoffi gwlychu 'ngwallt pan fydd hi'n bwrw glaw chwaith. Ac mae cawod yn waeth hyd yn oed. Bydde'n well gen i gael bath, er dwi ddim yn mynd i hwnnw'n amal iawn chwaith. A dweud y gwir, mi fentren i drwy ddŵr a thân i osgoi bath neu gawod. Ond peidiwch â becso, dwi ddim yn smelo. Yn lle mynd i'r bath neu'r gawod, dwi'n cael *bird bath* yn amal, dwi'n ddigon glân.

Ychydig iawn o deledu fydda i'n 'i wylio, ac mae'n gas gen i operâu sebon, rhaglenni realiti, ac unrhyw beth lle mae menywod yn geni babis i bawb gael eu gweld nhw. Beth nesa, gwedwch? Dwi'n teimlo bod rhaglenni fel 'ny'n achub mantais ar gyflwr yr unigolyn, ac yn neud elw mawr o amgylchiade'r teulu hynny. Na, dim o hyn i fi, diolch yn fawr.

Dwi wedi sôn eisoes bo fi ddim yn hoff o giwiau ar yr hewl. Un peth arall sy'n mynd o dan fy nghroen i hefyd yw gyrrwyr yn defnyddio'u *fog lamps* pan nad oes angen e. Dim ond pan fydd niwl mae'r rhain fod cael eu hiwso, neu pan mae'r gole'n wael. Alla i ddim dweud yn blaenach. Edrychwch ar yr *Highway Code*, rheolau 22b a 23b, chi bois y *fog lamps*. Bois bach!

Ydych chi erioed wedi ordro rywbeth, ac yna derbyn rhywbeth hollol wahanol i'r hyn archeboch chi, yn y maint neu'r lliw anghywir? Wel, dwi'n cynhyrfu pan mae hynny'n digwydd hefyd. Fan'ny fyddwch chi wedyn, yn gorfod mynd 'nôl at y ffôn i achwyn a chware'r bêr â rhyw pŵyr dab, achos ffindwch chi byth y person sydd ar fai. Gan mwyaf o'r amser, fe wedan nhw mai bai'r compiwtyr yw e. Wel, mae'n ddigon rhwydd rhoi'r bai ar hwnnw, ond mae ise cofio bod na rywun wedi bwydo'r wybodaeth i'r cyfrifiadur yn y lle cynta. Mae'n rhy hawdd y dyddie 'ma i gwato tu ôl i dechnoleg yn 'y marn i.

Rhywun sy'n llio tin! Dyna beth arall alla i'm ei ddiodde. Dwi ddim yn 'i neud e'n hunan, felly dwi ddim yn ei ddisgwyl e yn ôl. Os nad oes rhywun ise fy nabod i, neu ise cymysgu â fi, mae'n well gen i eu hanwybyddu – rhyngddyn nhw a'u cawl, weda i, achos mae bywyd y rhy fyr.

Ar hyd y blynyddoedd, dwi wedi bod yn lwcus iawn 'mod i wedi cael iechyd eitha da, ar wahân i ambell ddos o'r ffliw neu'r annwyd. Mae'n gas gen i gael annwyd – ma'ch trwyn chi'n rhedeg drwy'r dydd, chi'n tisial a pheswch ac mae gwres anghysurus arnoch chi. Ry'ch chi'n llyncu cymaint o swîts poeth, tabledi a moddion hefyd nes bo chi ddim ise bwyd. Er mai dim ond annwyd yw e, mae e'n blydi niwsens. Mae bod yn dost yn wast o amser!

Coeliwch neu beidio, er y ffaith 'mod i'n gallu troi'r awyr yn goch gan regi, mae 'na ambell i air fyddwn i ddim yn 'i ddefnyddio wrth siarad Cymraeg. Mae rhai geiriau'n mynd o dan 'y nghroen i. Mae mor hawdd, a phwdwr, Cymreigio gair Saesneg, ond yw hi? Dwi'n gwbod 'mod i'n defnyddio geiriau Saesneg weithie ond dwi'n trio peidio. Cymrwch y gair *cassette*, er enghraifft. Beth arall yw *cassette* ond tâp mewn casyn? Felly dwi'n cynnig y gair 'casincil' yn ei le. Ystyr incil yw *tape*, ac mae e wedi'i orchuddio efo casyn ac felly mae'n creu'r gair 'casincil', ac yn air digon hawdd i'w weud hefyd. Dwi'n lico'r syniad o greu geiriau newydd yn Gymraeg, wedi'r cwbwl, mae'r iaith yn newid o hyd.

Weithie, dwi'n meddwl y dylwn i fod wedi bod yn eiriadurwr, neu'n fathwr geiriau, achos 'sdim yn rhoi mwy o ddiléit i fi na chreu gair newydd Cymraeg er mwyn cyfoethogi'r iaith. Weithie, dwi'n teimlo bod gen i genhadaeth dros y genedl!

Enghraifft o hyn yw'r gair *ambulance*. Mae'n ddigon hawdd Cymreigio'r gair yma a bydde fe'n hyfryd creu gair hollol Gymraeg sy'n hawdd i'w lefaru a hawdd i'w ddeall, ac yn fwy na dim, yn fy marn i, yn air sy'n neud sens. Y gair dwi'n ei gynnig yw 'cludunsal'. Dylai'r gair yma fod yn ddigon amlwg wrth ei weld a'i ddarllen; cerbyd sy'n *clud*o yr *un* sydd yn *sâl*. Mae e mor syml, ac yna adio '-au' ar gyfer y lluosog, 'cludunsalau'. Beth chi'n feddwl? Gair newydd i'r geiriadur?

Dwi ddim am gymryd y clod am y gair 'pellseinydd', ond yn hytrach, dyma air gafodd ei greu gan y diweddar John Price, Tal-sarn, ac er ei fod yn air hir, mae'n neud sens perffaith eto, a'i ystyr yw *phone*. Clywed sain dros bellter – pell neu agos – does dim gwahaniaeth. Pam hefyd na allwn ni ddefnyddio'r gair 'pen-coel' am *laptop*? Rhwydd. Yn amal iawn, bydde John a fi'n trafod pa mor gymwys oedd nifer o eiriau Cymraeg i'w cyfieithu, ac yn sgil hyn, fe roddodd anrheg werthfawr i mi, sef geiriadur Cymraeg i'r Saesneg J. Bodvan Anwyl. Sai'n siŵr faint o gopïau o'r gyfrol 'ma sydd ambyti'r lle, ond mae'r rhagymadrodd wedi'i sgwennu gan neb llai na David Lloyd George. Fe fydda i'n trysori'r llyfr hwn am byth.

Nawr 'te, mae'r gair Cymraeg am *keyboard* yn fy mhoeni i'n fawr iawn, sef allweddell, i rai. Mae gan ddyn y cyfle i ddatgan ei farn trwy'r cyfryngau, ar lafar, yn gyhoeddus neu'n ysgrifenedig a dwi am ddatgan yn y llyfr hwn fy mod yn anghytuno'n llwyr gyda'r defnydd o'r gair 'allweddell'. I mi, dyw'r gair 'allwedd' ddim yn awgrymu unrhyw beth cerddorol ond yn hytrach yn disgrifio teclyn i agor rhywbeth. Bydde'n well gen i ddefnyddio'r hen air, 'perdoneg' yn bersonol, er efallai ei fod yn air iawn ar gyfer offeryn cerdd, ond dyw hwn ddim yn siwto *keyboard* ar gyfrifiadur falle. Falle mai ystyr y gair *key* yn y cyswllt yma yn Saesneg yw 'cywair', hynny yw, y modd mae'r gân wedi'i hysgrifennu ynddo, er enghraifft, C, D, E, F, ond fydde'r gair hwn ddim yn addas i'w ddefnyddio i ddisgrifio'r rhan honno o'r offeryn. Felly, pam na allwn ni

fenthyg gair o'r Lladin, sef *klaviar*, sy'n golygu *key* (*board*)
offerynnol, ac mae 'na sawl enghraifft o'r gair yn cael ei
ddefnyddio yn y cyd-destun iawn, sef clavichord, *clivioline*
a *clavinova* – felly pam na allwn ni ddefnyddio'r gair yn y
Gymraeg? Mae'r gair gen i! 'Clafiaren', falle? A'r person sy'n ei
ddefnyddio? Wel, 'clafiarenydd' neu'r lluosog, 'clafiarenyddion'.
Ond dim ond yn y cyswllt cerddorol y bydde'r gair hwn yn
gymwys, dwi'n meddwl, ond mae'n destun trafod o leia, ond
yn sicr, fe fydda *i* yn ei ddefnyddio o hyn ymlaen. Dwi'n amau
braidd na wela i yr un o'r geiriau 'ma mewn geiriadur, ond pwy
a ŵyr.

Yn ola, 'sgwn i faint ohonoch chi sydd â thraed od, yn debyg
i fi? Dwi ddim yn gwbod beth yw'r term meddygol amdano
ond y broblem fwyaf gyda thraed fel fy rhai i yw bod gwaelod
y bys bawd yn pwyso cymaint ar y llawr ac yn naddu i mewn
i'r esgid, nes bod y rhan yna o'r esgid yn treulio'n gynt na'r
gweddill. Felly, dyw'r sgidie ddim yn para'n hir, a dyw hi
ddim yn ddoeth iawn prynu pâr rhad o safon isel. Dwi ddim
yn gallu diodde unrhyw *trainers* neu daps neu bethe synthetig.
Dwi wedi dysgu mai'r peth gore yw prynu sgidie drud, ac yn
bendant, rhai wedi eu neud o leder. Wna i ddim enwi'r mathau
o sgidie yn fan hyn, ond mae 'na dri math o esgid fydda i'n eu
gwisgo sy'n gadael i'r droed suddo i mewn i'r sawdl, ac sy'n
esmwyth i gerdded ynddyn nhw. Hefyd, mae gen i groen caled
iawn ar fy nhraed, a dwi'n gorfod ffeilo hwnnw'n amal. 'Co fi'n
rhannu pethe hynod bersonol gyda chi.

Yn yr haf, dwi'n hoffi gwisgo sandale lleder caeedig, sy'n
iachach o lawer mewn tywydd twym. Dwi'n iawn pan dwi'n
cerdded yn y wlad, ond yn diodde tipyn pan dwi'n cerdded o un
siop i'r llall yn y trefi. A gyda llaw, 'sdim byth lle i eistedd lawr

yn y siopau mawr, pan fydd angen hoe. Mae 'nhraed i'n dipyn
o ben tost, os yw'r fath beth yn bosib. Pan mae'n dod yn amser
torri winedd wedyn, dwi'n torri nhw fy hun, fyddwch chi'n
falch o wbod. Un tro pan o'n i ar wylie ac wrth y pwll nofio,
disgynnodd darn o ewin fy mys bawd ar y llawr, a'r peth nesa
weles i oedd tua phedwar morgrugyn yn cropian heibio, codi'r
ewin a'i gario i ffwrdd. Mae'n rhaid bod y morgrug wedi gweld
defnydd mawr ynddo fe. Er bod gen i draed rhyfedd, fe alle fe
fod lot yn waeth, o leia sdim cyrn gen i, a dwi'n cydymdeimlo
ag unrhywun sydd â thraed gwael. A dwi'n meddwl bod colled
ar fenywod sy'n gwisgo rhyw hen sodlau uchel rownd abowt.

Falle bo fi wedi swno 'chydig bach fel rhyw Victor Meldrew
Cymreig ar ôl rhestru'r holl bethe sy'n gas gen i, neu sy'n fy
hala i'n grac, ond credwch neu beidio, mae 'na lot o bethe dwi
wrth fy modd â nhw hefyd, ac mae mwy o'r rheiny na'r pethe
dwi'n eu casáu. Ond dwi'n teimlo'n well o rannu hyn gyda chi
wir, ac o gael pethe oddi ar fy *chest*.

Y Gwerinwyr. Y grŵp oedd: fi, Idris, Islwyn a Glyn. Fi ddyluniodd logo'r band

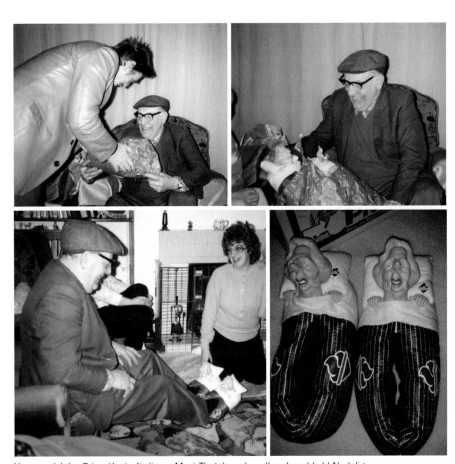

Yr annwyl John Price (Jac) a'i slipers Magi Thatcher chwedlonol ar ddydd Nadolig

Yr arwydd a grewyd gan
Jac a fi

Wrth fy ngwaith yn creu arwyddion. Dyddie da Arwyddion Spite Signs

Y Marathon 24 awr ar yr organ.
Sylwch, mae nghefen i yn erbyn y wal

Dawns dewis brenhines carnifal Llan-non

Dyddiau cynnar
yn y Tollgate

Diddanu'r dorf yn y Sioe
Frenhinol, roedd digon o
hwyl gwyllt i'w gael

Ble bynnag o'n i'n mynd i chware, byddai Ceinwen gyda fi yn gefen ... yn llythrennol

Ar 'y mhen-blwydd yn chwe deg yng nghwmni Idwal a Vernon

Ar yr organ bib mewn priodas yn eglwys Llanychaearn

Fi ac Erwyd Howells yn ymarfer gartre

Mwynhau mas draw ar yr organ yn Folly Farm

Y 'Cana-mi-gei' enwog a'r organ, wrth gwrs

Ffindes i organ segur yn Ohio hyd yn oed

Fi'n arddangos fy nhalentau ar yr acordion – yr organ yn cael hoe

Mae blas y cyw yn y cawl, yr wyrion yn rhoi tro ar yr
acordion; William, Ianto, Ella a Lydia. Sneb wedi rhoi
acordion i Abraham druan ... ddim eto ...

Clawr record Hogia Llandegai â
'nghân i arni a llythyr diolch oddi
wrth Nev

Dyma fy CDs arbennig i! Prynwch nhw!

Dwi'n dwlu ar 'bach o ddwli

Dwi ddim yn lico cael bath neu gawod, ond dwi'n llwyddo i gadw'n lân 'run peth

Gorffwys ar ôl gosod y septic tanc: fi, Llew a Wil

Ceinwen a fi yng nghwmni Dan Spite – boi y sampl past papur wal

Fyddai'r llyfr hwn ddim yn gyflawn heb lun o Bel, y ci annwyl, ac mae cyllell a fforc yn fy llaw rhag ofn daw cyfle am fwyd

Ff*c mi Ffaro! Y ffilm ar YouTube nath fi'n enwog.

Enwyd ceffyl yn Ffaro ar fy ôl i hyd yn oed!

Mae pawb yn ffan o Bryan!

Gyda chriw rhaglen *Tommo* yn Sioe Aberteifi: Terwyn, Steffan Teifi, fi a Tommo

Fi a Nigel Owens ar raglen *Jonathan*

Y teulu Jones yn Argoed a theulu Eben, y gangen yn Ohio

Ffeiyr Awê ... Tommo!

Ers Mawrth 2014, dwi wedi bod yn ffodus iawn o gael bod
yn rhan o raglen brynhawn y DJ egnïol o Aberteifi, Andrew
'Tommo' Thomas, ar BBC Radio Cymru a dwi'n cynhyrchu
clipiau cerddorol ar gyfer cystadleuaeth arbennig yn awr
gynta'r rhaglen, o'r enw 'Bwgi 'da Bryan'. Fe fydda i'n chware
darn o gerddoriaeth adnabyddus, gyda chlip byr yn cael ei
chware'n gynta, ac yna clipiau hirach yn cael ei chware wedyn
wrth i'r rhaglen fynd yn ei blaen. Gall rhain fod yn bob math o
ddarnau, o ganu pop Cymraeg, cerddoriaeth rhaglenni teledu,
i rai o ganeuon enwoca Abba. Tasg y gwrandawyr yw dyfalu
beth yw'r gân dwi'n 'i chware ar yr organ y diwrnod hwnnw.

Dyma'n bras yw'r broses o fynd ati i neud y cyfan. Fe fydd
Terwyn Davies, cynhyrchydd y rhaglen, yn anfon y caneuon
gwreiddiol ar CD i fi unwaith y mis, mwy na'r hyn sydd ei
angen ar gyfer bob wythnos, a dweud y gwir. Y peth cynta
dwi'n ei neud wedyn yw gwrando ar y traciau, un ar y tro,
a'u sgwennu nhw ar bapur os bydd rhaid, yn y sol-ffa ... wrth
gwrs. Wedyn, fe fydda i'n penderfynu pa bedwar clip o bob
thema i'w recordio, a neud yn siŵr 'u bod nhw'n para rhyw
funud o hyd. Fydda i ddim yn dechre yn y dechre bob tro – mae
hynny'n dibynnu ar ba mor anodd yw'r darn, a weithie fe fydda
i'n gorfod tynnu ambell i linell o'r darn os yw'n rhy anodd
i'w chware. Yna, mi fydda i'n dewis pa sain ar yr organ sy'n
mynd i siwto'r gân a pha gywair y bydd hi'n cael ei chware. Yn

ola wedyn, mi fydda i'n dewis y curiad tebyca a'i gyflymdra, fel ei fod yn swnio'n debyg i'r gwreiddiol. Pan dwi'n hollol fodlon ar y datganiad, dwi'n mynd ati i'w recordio'n syth i gof yr organ. Os dwi'n hapus efo'r recordiad wedyn, mae'n cael ei drosglwyddo i beiriant recordio MiniDisc. Pan fydd un ar bymtheg o glipiau byrion yn barod, maen nhw'n cael eu hanfon i stiwdio'r BBC yng Nghaerfyrddin yn barod ar gyfer y rhaglenni byw. Weda i ddim rhagor am yr hyn sy'n digwydd wedyn, a shwt y mae'r cyfan yn gweithio ar yr awyr. Gewch chi ddyfalu. Bryd hynny mae 'majic' radio'n digwydd. Dwi wedi cael fy nghyhuddo o ddweud yr un peth ddydd ar ôl dydd ar y rhaglen … gewch chi ddyfalu pam fod hynny'n digwydd. Mae'n dipyn o her ambell waith, ond dwi'n joio'i neud e, ac yn falch iawn o gael y cyfle. Dwi'n cael fy nhalu am neud rhywbeth dwi'n joio'i neud, ac mae hynny'n lot o beth. A pham lai? Tamed bach o hwyl yw e, wedi'r cwbwl.

Mae cynhyrchu'r clipiau i raglen Tommo yn fy nghadw i'n fisi, a dwi ddim yn hoffi eistedd am gyfnod hir a neud dim byd. Os ydw i'n penderfynu treulio amser o flaen y bocs, yna gwylio rhaglenni newyddion, rhaglenni cyfoes, neu rhai â chynnwys crefyddol, addysgiadol neu rhai sy'n trafod natur fydda i. Dwi hefyd wrth fy modd gyda chomedïau sydd wedi para dros y blynyddoedd ac wedi dod yn glasuron – pethe fel *Nyth Cacwn*, *Licyris Olsorts*, *C'mon Midffîld*, *Ryan a Ronnie*, *Fo a Fe* ac unrhyw beth gan Ifan Gruffydd sy'n plesio. Yn Saesneg, dwi'n hoffi pethe fel *Fawlty Towers*, *Dad's Army*, *Love Thy Neighbour*, *Barry Welsh* a *Mr Bean* – nhw fydd yn mynd â 'mryd i. Dwi'n chwerthin nes 'mod i'n sili. Fydda i hefyd yn hoff o ambell 'hen' ddrama yn y ddwy iaith. Mae'n braf cael eistedd lawr am hoe ambell waith i fwynhau rhaglen gomedi

dda sy'n neud i chi chwerthin yn uchel. Mr Bean yw fy ffefryn
i cofiwch, dwi'n dwlu ar Mr Bean, ma gen i gerflun cardbord
ohono yn y sied hyd yn oed.

Ar adegau, mae dyn yn medru bod yn rhyw greadur rhyfedd
iawn, on'd yw e? Ry'n ni wedi cael ein bendithio efo'r holl
alluoedd a doniau, ac yn neud rhyfeddodau, creu llenyddiaeth
a cherddoriaeth a'r celfyddydau; ry'n ni'n gallu gwella pobol
a chreu pob math o wrthrychau, teclynnau a pheiriannau,
ac eto, ry'n ni'n medru difetha pob peth, y byd a'i bobol, a'n
hanifeiliaid yn rhy hawdd. Ry'n ni wedi dod mor bell, o fod
yn anifeiliaid i fod yn ddynion moesol ac ysbrydol, ac eto ry'n
ni'n medru bod mor anfoesol a distrywgar. Ond mae ise i ni
i gyd feddwl yn ddwfwn am ein bodolaeth. Mae ise i ni ofyn
cwestiynau mawr am ddyfodol y byd a'i bobol, a sai'n credu
fydde gwleidydd doetha'r byd yn medru rhoi'r atebion i'r pethe
dyrys hyn. Mae dynolryw mor drachwantus, ac ry'n ni gyd
i radde ar fai am hyn, wrth i ni fwynhau'r holl fuddiannau
newydd sy'n dod i'n cyfer, ond ar ba gost? Dwi'n credu, mewn
byr o amser, na fydd digon o dir ar ôl i bawb fyw arno fe, heb
sôn am le i dyfu bwyd, a dyna'r peth pwysica i ddynolryw.
Dwi'n ofni hefyd, falle, y galle rhyfel byd arall ddigwydd yn y
dyfodol am yr union resymau hyn. A Duw a'n helpo ni wedyn.

Y gân ola

Ym mis Gorffennaf 2000, fe symudon ni fel teulu i fyw i Benrhyn-coch, ac fe fuon ni'n byw yno wedyn am dair blynedd ar ddeg. Roedd yn gyfleus iawn i ni ar y pryd, achos o'n i'n gweithio yn Aberystwyth ar y bysys, ac roedd e'n gyfleus i Ceinwen hefyd, gan ei bod hi'n gweithio fel cynorthwy-ydd dosbarth Cyfnod Sylfaen yn Ysgol Rhydypennau. Glanseilo oedd enw'r tŷ, ond fe newidion ni hwnnw i fod yn Bodorgan, am fod stad o dai y tu ôl iddo efo'r un enw er mai ein tŷ ni oedd yno gynta, cofiwch. Ar un adeg, roedd gyda ni bedwar ci, tair cath, dwy hwyaden a mochyn cwta yno. Roedd hwn yn lle braf iawn, yn wynebu'r haul drwy'r dydd, ac ro'n i'n tyfu ychydig o datws, moron a phys yno. Roedd 'na blanhigion rhiwbob a gwsberis yno hefyd, a'r goeden plwms Victoria ffeina erioed. Gardd Eden, gredech chi ddim.

Ers ychydig dros flwyddyn nawr, ry'n ni wedi symud eto. Y tro 'ma i Argoed, Felin-fach yn Nyffryn Aeron. Mae'n rhyfedd shwt mae taith bywyd wedi mynd â ni o un lle i'r llall. Maen nhw'n dweud hefyd bod doniau'n cael eu pasio i lawr o un genhedlaeth i'r llall a dwi'n credu bod 'na gysylltiad hefyd i'r holl bethe hyn, rhywbeth anesboniadwy, rhywbeth ysbrydol. Ac er nad oedden ni'n perthyn drwy waed am i fi gael fy mabwysiadu, roedd fy niweddar fodryb, sef chwaer Mam, yn gerddorol iawn. Elizabeth Ann Evans, gwraig y diweddar Barchedig David Lewis Evans, Bwlchyradar, Trisant, oedd hi, neu Anti Beti i fi. Roedd hi'n canu'r organ yn y capeli yn ardal Trisant am flynyddoedd, ond chafodd hi erioed y cyfle i 'nghlywed i'n chware'r organ. Fe fu Anti Beti farw yn 1970, a hithe 'mond yn 60 oed. Dwi'n bendant bod talent Anti Beti wedi rhwbo bant arna i.

Mae Lisa, ein merch ieuengaf, wedi penderfynu mynd yn athrawes ddrama ysgol uwchradd, ond flynyddoedd yn ôl, mynd i'r byd actio roedd hi am ei neud. Fe gafodd hi ddarlleniad gan *medium* rhyw dro yn cadarnhau nad actio y bydde hi'n ei neud, ond dysgu, ac mae wedi troi'n wir erbyn hyn. Athrawes oedd Mam hefyd, a bydde hynny'n ddylanwad anuniongyrchol ar ein Lisa ni. Yma yn Argoed, cyn i ni ddod 'ma, roedd athrawes arall yn arfer byw, sef Mrs Rachel Davies, neu Rado Davies. Roedd ei diweddar merch yng nghyfraith hithe, Ann Rhys Davies, hefyd yn athrawes ac yn fardd, a doedd y naill na'r llall yn perthyn i'w gilydd ond trwy briodas, a'r ddwy wedi bod yn athrawon yn ysgol Llanwnnen ger Llanbed ar gyfnodau gwahanol. Adar o'r unlliw falle.

Rhaid bod 'na linc ysbrydol yn cysylltu'r cyfan. Dwi'n credu hynny'n gryf. Does dim amheuaeth gen i fod yr angylion wedi arwain Ceinwen a finne i ble'r ry'n ni'n byw nawr. Mae 'na ddigon o le i'r offerynnau i gyd yma, ac mae'r lle'n boddi mewn sain miwsig yn amal iawn – fan hyn ro'n ni fod, mae'n rhaid. Mae'n rhyfedd iawn on'd yw hi, o gofio bod Rado Davies yn hoff o ganu – fe fynychodd hi yn agos at wyth deg o gymanfaoedd yr Undodiaid yn ystod ei hoes – 'mod i o'r un anian â hi, ac fe ddenodd rhywbeth ni i fyw fan hyn heb amheuaeth. Dwi'n credu bod yr amgylchedd o'ch cwmpas hefyd yn cyfrannu i raddau at eich cymeriad, ond bod y doniau sy 'da chi'n cael eu meithrin ble bynnag gafoch chi'ch magu –

y cyfan 'sda chi i'w neud yw neud y gore ohonyn nhw wedyn.
Y busnes *nature* a *nurture* yntê?

Dwi'n meddwl yn amal shwt un fydden i tasen i'n ffermio
ym Mrynyrychain. Shwt fath o ffermwr fydden i? Shwt
fydde'r doniau cerddorol a'r arlunio wedi troi allan? A shwt
fath o berson fydden i tasen i wedi aros yng Nghasnewydd?
Cwestiwn *hypothetical* yw hynny, wrth gwrs. O ran
cerddoriaeth, dwi wastad yn meddwl tasen i wedi cael fy ngeni
ryw gan mlynedd yn ôl, dim ond piano, harpsicord neu organ
oedd ar gael, ac mae mwy na hynny o offerynnau gen i nawr
… ar un offeryn! Mae technoleg wedi newid shwt gymaint yn
yr hanner can mlynedd diwethaf, mae'n job cadw i fyny efo hi,
a pha bynnag waith dwi wedi'i neud, mae hi wedi fy mhasio
i ta p'un 'ny, ac mae'r cyfrifiadur wedi dod yn feistr ar y byd
argraffu, ffotosgleinio ac arwyddlunio. Mae'r un peth hefyd
wedi digwydd ym myd cerddoriaeth i raddau. Offerynnau
digidol sydd ar gael nawr, a 'sdim amser gwell wedi bod erioed
i rywun sy'n medru chware offeryn â 'pherdoneg'. Mae 'na
bob math o bianos, organs a chlafiarennau ar gael nawr sy'n
creu seiniau diddiwedd, a'r gallu i roi cefndir cerddorol i chi,
a'r modd hefyd i chi recordio eich perfformiadau eich hun yn
ddidrafferth. Alla i ddim dweud wrthoch chi faint o ddiléit
mae'r offerynnau yma wedi'i rhoi i fi dros y blynyddoedd. Fe
ddweda i un peth wrthoch chi, dwi'n gobeithio bod organs i
gael yn y byd nesa.

A sôn am y byd nesa, mae rhai pobol yn ofan mentro i ymweld
â *medium*, person dweud eich ffortiwn, *faith healer*, neu sipsi
hyd yn oed. Ond mae 'proffwydi' wedi bodoli ers canrifoedd
a does dim amheuaeth gen i fod yna ddawn arbennig ganddyn

nhw. Mae 'na wahanol ddulliau o 'ddarllen' y dyfodol, ond wir, does dim ise i neb eu hofni, achos mae'r bobol yma'n bobol gyffredin, ac yn amal, maen nhw wedi profi caledi cyn eu bod nhw'n gallu neud y math yma o waith. Mae un peth sy'n sicr os cewch chi drafferth cael apwyntiad efo un ohonyn nhw, yna mae e neu hi yn un da iawn. Mae siŵr o fod pob un o'n teulu ni wedi bod gyda *medium* rywbryd neu'i gilydd, a Ceinwen falle'n fwy na neb arall. Yn rhyfedd iawn, mae llawer o bethe wedi dod yn wir yn ein bywydau ni, ac, yn dibynnu ar ddawn y person, falle gewch chi wbod llawer o ffeithiau personol, a dim ond chi yn unig fydde'n gallu cadarnhau eu bod yn wir.

Fe weda i stori wrthoch chi am Barbara. Sipsi Romani yw hi, ac er nad yw hi'n gallu darllen yr un gair, mae'r ddawn ganddi i rag-weld y dyfodol. Ry'n ni'n ei nabod ers dros ddeng mlynedd ar hugain, a bob tro fydden ni'n symud cartre, fe fydde Barbara wastad yn chwilio amdanon ni. Mae sôn na ddylech chi fyth wrthod sipsi wrth y drws, neu fe ddaw anlwc i chi, ond erbyn hyn, dwi a Ceinwen yn dipyn o ffrindie efo hi, ac mae'n gymeriad digon hoffus. Fe fydd hi'n galw gyda ni unwaith bob mis, ac yn trial gwerthu ryw fân bethe o'i bag, ac yna'n cael sgwrs am ryw hanner awr dros gwpaned o de. Mae'r ddawn sy gan hon yn wahanol i *medium* ysbrydol, ac mae wedi dweud llawer o wirionedd wrthon ni dros y blynyddoedd. Dywedodd ein bod ni'n mynd i symud o'n cartre ym Mronwydd, Llanfarian, i dŷ mawr iawn, a'r pryd hynny, doedd dim cynllunie gyda ni ar y gweill. Ond beth ddigwyddodd mewn peth amser? Wel, fe symudon ni i Spite, ac erbyn y diwedd, roedd y tŷ gwreiddiol wedi'i ymestyn i ddwywaith ei faint. O sôn am dai ac eiddo wedyn, fe fuon ni am dros bum mlynedd yn trial gwerthu ein cartre ym

Mhenrhyn-coch a dyma beth wedodd Barbara, 'It's waiting for a good cause.' Wel, do'n i'n deall dim byd am beth oedd hi'n ei feddwl ar y pryd, ond erbyn nawr, ry'n ni wedi cael y cartre mwya delfrydol y gallen ni ofyn amdano fe yma yn Argoed.

Un diwrnod, fe gododd pwnc dwfwn, er nid yn hollol ddierth chwaith, sef bywyd ar ôl marwolaeth ond peidiwch â becso, achos dyw hon ddim yn stori ddwys o gwbwl. Gofynnodd Ceinwen i Barbara, 'What if you die, Barbara? How would I know about it?' achos do'n ni ddim yn gwbod lle roedd hi'n byw, ar wahân i'r ffaith ei bod yn byw mewn carafán, a doedd dim ffôn ganddi. Yn ddigon annisgwyl, ateb Barbara oedd, 'When I die, I'll come back as a robin, and I'll come pecking at your window.' Mae 'na sôn, chi'n gweld, bod yr aderyn hwn yn un ysbrydol. Yr ateb roies i iddi ar ôl hynny oedd, 'Well you better watch yourself or Shani the cat will have you, because she's killed a few already. You don't want to die twice!' Falle fydd yn rhaid i Barbara newid ei meddwl am ddod 'nôl fel aderyn bach. Hyd yn hyn, mae Barbara'n dal i ymweld a dy'n ni ddim wedi sylwi ar robin goch newydd yn yr ardd eto. Mae'n syndod bod tri deg mlynedd wedi mynd ers i ni gwrdd â Barbara am y tro cynta ac mae ei hadnabod hi wedi cyfoethogi'n bywydau ni.

Odi, mae'r blynyddoedd 'ma'n hedfan heibio, ac ar ddechre Mawrth 2015, fe ddathles i fy mhen-blwydd yn 65 mlwydd oed. Mae'n garreg filltir bwysig iawn, ac mae tipyn wedi digwydd i fi yn ystod fy nghyfnod ar y ddaear 'ma. Fe dderbynies i lawer o gardiau a phresantau ar y diwrnod mawr, gan gynnwys carden a cherdd y tu mewn iddi, wedi'i chyfansoddi gan Alun Jenkins o ardal Pontarfynach.

ORGAN BRYAN

'Rhen Brei sydd heddi'n dathlu
Ei organ sydd ar stop.
Mae Cei yn ceisio'i thiwnio,
Pob ymdrech aeth yn fflop.
F major ni ddaw mwyach
A minor yw ei *score*,
A dyma ddwed hi Ceinwen,
'B flat for ever more'.

Tra bo'i organ mewn tiwn gan Bryan
Roedd Cei yn hapus iawn
A chlywn ei chân grefyddol,
'O my God', amal i b'nawn.
Ond gweddïo mae hi mwyach
'Atgyfodiad!' gwaedda hi.
'Plis Dduw, gwna organ Bryan
Eto i daro Middle C!'

Oes rhywun a all helpu
I ateb gweddi Cei,
A thrwy wyrth, i atgyfodi
Organ *B flat* 'rhen Brei?
Ac ail-fyw hen atgofion
A bloeddio'r nefol gân,
Fe glywch Cei yn ei gogoniant –
'Mae organ Brei ar dân!'

Felly, dwi wedi cyrraedd y 65, bois bach ... a chael codi pensiwn. Ond er nad ydw i'n meddwl fy mod i'n hen, dwi'n eitha siŵr erbyn hyn fod yna bwrpas i fywyd, a bod yna reswm i bob peth sy'n digwydd i ni. Mae bywyd yn lle i ddysgu ac i fagu profiad, er mai'r un bobol ry'n ni yn y bôn o'n geni, ac mae'n rhaid i ni newid agwedd ambell waith pan mae pethe da neu ddrwg yn digwydd i ni neu i rai eraill. Weithie gall amgylchiadau ein newid ni a phrofiadau ein neud ni'n bobol wahanol.

Ces i lwc mas o anlwc. Cael fy ngwrthod mewn un lle, a chael fy nerbyn mewn lle arall. Ond mae'n rhaid dweud fy mod i wedi bod yn ddigon bodlon ar fy mywyd hyd yn hyn, ac a bod yn onest, heb weld unrhyw galedi ofnadw. Ond dyw popeth ddim wedi bod o'm plaid i bob tro, cofiwch. Dwi ddim wedi manteisio ar y cyfleoedd ddaeth i'm rhan bob tro chwaith, ac wedi difaru ryw ychydig am rai pethe. Mae ambell berson yn dweud pe bai'n cael y cyfle i fyw ei fywyd drosodd, fe wnâi'r union yr un peth eto. A bod yn gwbwl onest, alla i ddim dweud hynny, achos dwi wedi neud camgymeriadau, ac felly, fe fydden i am newid rhai o 'mhenderfyniadau. Ond wrth gwrs, fe fydde llwybr 'y mywyd i wedi newid hefyd rhyw damed, siŵr o fod.

Mae penderfynu a mentro wedi bod yn rhan allweddol o fywyd Ceinwen a finne, a 'sgwn i a oes 'na wahaniaeth rhwng neud mistêc a neud y penderfyniad anghywir? Ry'n ni wedi trial sawl ffordd o ennill bywoliaeth ers i ni briodi 'nôl yn 1977, ac os oes syniad wedi dod, dy'n ni ddim wedi eistedd 'nôl a neud dim byd ambwyti fe, achos dyw dyn ddim tamed callach wedyn. 'Sdim iws dweud 'Ddylen ni fod wedi neud hyn a'r llall.' Fy marn bersonol i yw, os y'ch chi am neud rhywbeth,

yna mae'n *rhaid* mentro. Gwnewch e! Lwc yw bywyd i gyd;
fe all pethe mynd o'ch plaid chi, neu fe all pethe fynd yn eich
erbyn. Fe ddwedodd Mam wrtha i sawl gwaith, 'Paid â mynd i
weithio ar dy ben dy hunan, mae jobyn da gyda ti'n barod.' Ond
ro'n i'n benderfynol o weithio ar fy liwt fy hun, yn cynllunio
a neud arwyddion efo 'nwylo i'n hunan, neud y gwaith coed,
eu paentio, a'u llythrennu wedyn efo brwsh. Felly dyna wnes
i. A do, ar ôl gadael y Llyfrgell Genedlaethol, fe ges i ddigon
o waith pan o'n i'n byw ym Mronwydd, Llanfarian. Symud
o Lanfarian 'nôl i Spite oherwydd y diffyg lle yn Llanfarian
oedd y penderfyniad iawn i'w neud ar y pryd. Ond, dwi ddim
yn siŵr os wnaethon ni'r penderfyniad iawn i godi pac yn
1996, a mynd i redeg tafarn y Drovers yn Ffarmers, er ein
bod ni i gyd wedi mwynhau'r profiad. Unwaith eto, fe brofon
ni faich costau rhedeg busnes eiddo trwyddedig. Oedd, roedd
y penwythnosau'n llawn bwrlwm, ond roedd pethe'n dawel
iawn yn ystod yr wythnos. Felly, unwaith eto, roedd yn rhaid
i ni benderfynu naill ai sticio mas a dal ati, neu roi'r gore iddi.
Wrth gwrs, rhoi'r ffidil yn y to wnaethon ni yn y diwedd, ond
ddim heb roi siot go dda arni a chasglu profiadau difyr ar hyd y
ffordd.

Un o'r rhesymau pam ry'n ni wedi symud cartre gymaint
o weithiau yw er mwyn cadw'n pennau uwchben y dŵr. Do'n
ni ddim ise bod mewn dyled. Bydde, fe fydde fe wedi bod yn
haws i ni ddod yn fethdalwyr, ond mae gyda ni ychydig bach
o hunan-barch hefyd, cofiwch. Ond, fel 'na roedd hi ar y pryd,
a falle bydde rhywun arall yn yr un sefyllfa wedi neud yn
wahanol i ni. Dwi'n amau braidd y bydden ninne hefyd erbyn
hyn, ond mae'n haws bod yn ddoeth ar ôl yr achlysur, on'd yw
e?

Mae cwrdd â phobol yn rhan hanfodol o'n bywydau ni i gyd, ac ry'n ni wedi cwrdd â nifer fawr o bobol dda. Ry'n ni hefyd wedi croesi llwybrau â rhai drwg hefyd, wrth gwrs. 'Sdim problem efo'r rhai da wrth gwrs, ond mae'n rhaid bod yn wyliadwrus o'r rhai drwg, beth bynnag yw eu hamcanion, yn arbennig os ydyn nhw am ddwyn eich syniadau chi ac elwa ar hynny. Mae'n fyd mor gystadleuol, ac fe wnele rhai pobol unrhyw beth i ddwyn busnes o dan eich trwyn chi, 'sdim gwahaniaeth 'da nhw pwy maen nhw'n ei ypseto.

A dyna ni, ar ôl neud shwt gymaint o benderfyniadau busnes, doedd yr un ohonon ni am fentro rhagor. Nawr mae'n well 'da fi ganolbwyntio ar ganu'r organ, a bod yn fodlon ar y byd fel mae e. Ond mae'r rhod yn troi unwaith eto, cofiwch, a dwi'n dal i lythrennu ambell arwydd yn y ffordd draddodiadol, gyda brwsh a phaent. Dwi'n dal i gael cynigion i chware'r organ mewn pob math o ddigwyddiadau cymdeithasol. Dwi'n helpu ambell waith hefyd yng nghapel yr Undodiaid, Rhydygwin ger Temple Bar, Felin-fach. 'Sdim gwahaniaeth gen i pa enwad dwi'n 'i helpu, er mai eglwyswr ydw i yn y bôn. Yn yr oes sydd ohoni, dwi'n credu y dylen ni ddeall mwy am enwadau eraill a mynychu rhai o'u gwasanaethau nhw. Hefyd, dwi'n teimlo y dylen ni drial deall mwy am y crefyddau gwahanol sydd yn ein byd heddi. Dwi ddim yn awgrymu y dylen ni gefnu ar ein henwad neu'n ffydd ni ein hunain ond ein bod yn fwy ymwybodol o grefyddau pobol eraill a chael gwell dealltwriaeth o'r byd.

Un peth dwi'n siŵr iawn ohono fe, bydde, fe fydde llwybr bywyd wedi newid tipyn tasen i'n ail-fyw fy mywyd eto, yn osgoi neud rhai o'r camgymeriadau a'r penderfyniadau wnes i. Onid yw taith bywyd yn ffordd o ddysgu? A 'sgwn i ble a beth fydden i'n neud heddi pe bai yna ailgyfle'n dod?

Wrth lwc, un penderfyniad da iawn wnes i oedd dewis gwraig, sef Ceinwen – ac mae honno gen i o hyd! Er ein bod ni'n dau'n meddwl i'r gwrthwyneb yn amal iawn, ac yn cwmpo mas, ry'n ni'n dal i fod yn hapus gyda'n gilydd. Dwi'n lwcus iawn o fod wedi cael iechyd da hyd yn hyn, ond mae Ceinwen fel jwg â chrac ynddi, wedi cael sawl gwahanol salwch drwy'i hoes. Pan oedd yn un ar bymtheg oed, cafodd waedlif neu *haemorrhage* yn ei stumog, a dyna fuodd y patrwm wedyn drwy'r blynyddoedd, rhyw salwch yn dod o rywle o hyd, ac yn amharu ar bob swydd roedd hi'n 'i neud hyd at y dydd heddi. Pam, wedwch chi, bod hyn yn digwydd, a hithe am weithio ac yn mwynhau'r gwaith mae'n ei neud nawr ym Meithrinfa'r Enfys? Ac mae Ceinwen yn barticiwlar iawn yn y tŷ. 'Sdim iws i fi daflu unrhyw beth ar y llawr, neu fe fydde 'na reiots. Mae'n plesio fy mola'n fawr iawn gyda'i choginio, ac mae'n hyfryd blasu pob darn o fwyd mae'n 'i baratoi – hyd yn oed y grefi. Ond dyw hi ddim yn neud omlets, fi sy'n neud rheiny. Mae hi'n smwddio pob peth, hyd yn oed macynon, ac mae'n rhaid iddi hwfro sawl gwaith y dydd. Ond mae'r cartre wastad yn lân ac yn deidi. Diolch i ti, Ceinwen, am hynny, ac am bopeth.

Odi, mae bywyd yn braf yn Nyffryn Aeron, ac erbyn heddi, mae Iona fy merch a'i theulu wedi symud i fyw yr ochr draw i'r lôn o'n tŷ ni, ym Maes-y-dderwen. Feddylies i erioed y bydde hynny'n digwydd, ac mae'n cymydog ni, Roy Davies, sy'n byw canllath o'n tŷ ni yng Nghysgod-y-Dderi, erbyn hyn ychydig bach yn fwy bodlon ei fyd, ar ôl i ni gyd gyrraedd 'ma i fod yn gwmni iddo, dwi'n gobeithio. Roedd ynte, fel ninne, yn chwilio am gymorth ac fe gwmpodd popeth i'w le yn y diwedd. Roedd e ise cwmni ac ro'n ni'n chwilio am le i fyw. Mae'r cymwynas erbyn hyn yn gweithio'r ddwy ffordd. Ac yn bendant mae 'na reswm a phwrpas i bopeth. Dwi'n gobeithio nawr fod rhai o rinweddau 'nghymeriad i wedi pasio lawr i fy mhlant i, yn hytrach na'r pethe gwael, yntê – naill ai fy hiwmor neu hoffter o gelf a cherddoriaeth. Maen nhw'n dweud y gallwch chi ddewis eich ffrindie, ond nid eich teulu, ac yn fy achos i, dwi wedi bod yn lwcus iawn – mae gen i deulu yng Nghasnewydd, ac yn yr ardal yma hefyd. Mae pawb wedi fy nerbyn i fel ydw i, er gwell ac er gwaeth, a diolch byth am hynny.

Ry'n ni i gyd yn teimlo'n bod ni'n gartrefol iawn yma yn Nyffryn Aeron, a sai'n meddwl y bydda i na Ceinwen am symud ragor. Mae Argoed yn llawn o fiwsig ac yn lle braf i weithio ac i hamddena. Mae 'na rod arall wedi troi, a phan o'n i'n grwt bach, ro'n i'n joio cerdded o gwmpas y wlad, y llwybrau, a'r lonydd a'r gelltydd, ac mae'r cyfan gen i yma yn Argoed. Dwi'n hoffi bod yn yr ardd hefyd, ond dwi ddim yn arbenigwr o bell ffordd. Mae gweithio'r tir yma yn rhywbeth dwi'n mwynhau'n fawr iawn, pethe fel torri porfa, sietine, trin a thrafod gwelye blode, a phlannu llysie. Dwi ddim yn malio chwynnu chwaith, ond mae eisiau amynedd efo hwnnw. Dwi ddim yn segur am amser hir, achos mae 'na rywbeth i'w neud o hyd a digonedd o goed tân i'w torri, digon i bara am weddill fy oes.

Beth bynnag dwi'n 'i neud, dwi'n joio 'i neud e. Mae'r cylch wedi dod yn gyfan, fel maen nhw'n dweud. Dwi eisoes wedi trawsblannu'r rhiwbob a thoriad o'r goeden blwms oedd 'da ni yn Bodorgan, ein cartre ym Mhenrhyn-coch. Maen nhw'n tyfu nawr ac yn magu gwreiddie, fel ninne, yn ein cartre newydd ni yn Argoed. Ond 'sgwn i pryd y caf i flasu'r plwms o'r goeden fach yma? Os arhosa i yma'n ddigon hir, ac os caf i iechyd, yna bydd gobaith rhyw ddydd.

Bryan yr Organ, yng ngeiriau eraill …

VERNON MAHER, TENOR A FFRIND

Y tro cynta i mi gwrdd â Bryan oedd yn Nhafarn Llwyndafydd, Saron, ger Llandysul. Dechre'r saithdegau oedd hi, ac roedd yno'n chware'r organ yn y dafarn. Roedd y lle'n orlawn o gymeriadau Cymraeg cefn gwlad, a phawb yn ymuno yn yr hwyl a'r canu. Rywfodd neu'i gilydd, fe fuodd yn rhaid i fi ganu am 'Bont Henllan', geiriau a gyfansoddwyd gan fy mam flynyddoedd yn ôl. Dyma'r tro cyntaf i fi ganu i gyfeiliant Bryan, ac er iddo fod yn Llwyndafydd lawer gwaith wedyn, collais y cysylltiad â Bryan am wahanol resymau. Aeth nifer o flynyddoedd heibio cyn i mi sylweddoli lle roedd yn byw, a deall mai yn Spite ger Llanddeiniol oedd hwnnw. Fe alwais i yno ryw ddydd Sul, ac fe gafodd fy ngwraig Eleanor a finne groeso twymgalon, a thipyn o ganu emynau wedyn.

Fe fu Bryan a finne'n recordio un o 'nghasetiau yn Stiwdio Sain yn Llandwrog rhyw dro. Fe oedd yn cyfeilio, gan chware rhyw chwe chân ar y prynhawn cynta, ac Annette Bryn Parri ar y chwe arall, ar y piano y diwrnod canlynol. Fe fuodd Bryan wedyn yn rhoi cefndir i rai o'r traciau – ac roedd hynny'n tipyn o gamp. Fe gawson ni ddigon o hwyl, fe gawsom ni groeso bendigedig gan Aneurin yng Ngwesty Dolbadarn, Llanberis, y noson gynta honno, ac mae 'na atgofion melys gen i o'r cyfnod hwnnw.

Ry'n ni wedi cael sawl cymanfa ganu lwyddiannus gyda'n

gilydd ar hyd y blynyddoedd hefyd, ac mae sawl un ohonyn nhw wedi aros yn y cof am amser hir. Fe fuodd ambell gyngerdd cofiadwy hefyd yn Nrefach-felindre, Llangeitho a Phafiliwn Pontrhydfendigaid.

Pan fuodd Bryan a'i wraig Ceinwen yn cadw tafarn y Drovers yn Ffarmers, cawson ni'r hwyl ryfedda yno. Rhyw noson fe ddaeth côr meibion enwog i ganu yn Neuadd Bro Fana gerllaw. Ar ôl y cyngerdd, fe ddaeth y côr 'nôl i gael peint neu ddau. Wel, dyna chi ganu wedyn gyda Bryan ar yr organ – tan oriau mân y bore. Ond pan ddaeth yr amser i bawb i fynd adre, dwi'n cofio rhes o aelodau o'r côr yn mynd i bisho wrth ochr eu bws nhw, a thra bo nhw'n pisho, fe symudodd y bws. Dyna beth oedd golygfa, criw o fois yn trio cadw at ochr y bws a phawb yn chwerthin ar eu pennau.

Dwi'n cofio un tro wedyn pan benderfynodd Eleanor a finne, Bryan a Ceinwen fynd ar wylie 'da'n gilydd, gan hedfan o faes awyr Caerdydd. Ar ôl i'r awyren godi i'r awyr am tua deng munud, fe sylwais fod Bryan wedi bod yn cydio'n dynn iawn yn nwylo Ceinwen ac Eleanor. Dyma fe'n dweud, ''Na beth oedd diawl o bum munud!' A wir i chi, wnaeth e ddim symud o'i unfan drwy gydol y daith. Na, does gan 'rhen Bryan ddim llawer i'w ddweud wrth hedfan.

Fe fuon ni bant 'da'n gilydd yn nes adre hefyd, cofiwch. Fe aethon ni am benwythnos i Landudno. Roedd yn rhaid i Ceinwen gael aros mewn gwesty gyda *sea view*. Ar ôl cael gafael ar le addas, fe aethon ni lan i'n hystafelloedd. Ymhen rhyw dair munud, dyma gnoc ar ddrws ein stafell ni. Ceinwen oedd yno yn gofyn i ni'n dau i fynd i weld beth oedd Bryan yn ei neud. Dyna lle'r oedd Bryan, yn eistedd ar ben stôl uchel, a honno ar ben y gwely, yn edrych mas drwy ffenest fechan

rhwng y to a'r nenfwd – dyna i chi beth oedd y *sea view* – dim
ond yr awyr a'r gwylanod roedd modd gweld o'r stafell. Wel, fe
chwarddon ni am sbel ar ôl hynny, bron nes bo ni'n dost!

Oes, mae 'na ddigonedd allen i'i weud eto am Bryan yr
Organ, ond go debyg y bydde eisiau cyfrol arall arnon ni.

EIFION 'BODYSHAKER' WILLIAMS, RECORDIAU TALENT CYMRU

Mae'r byd recordio yn medru bod yn dipyn o straen ar adegau,
ond mae'n hwylus iawn pan ddaw hi i recordio doniau Bryan
yr Organ – un o offerynwyr allweddellau mwyaf adnabyddus a
charismataidd canolbarth Cymru.

Ydw, dwi wedi recordio'i sesiynau droeon, ac mae pob CD
yn gyffrous, a'r traciau yn hudo pawb i uno yn y canu, i glicio
bysedd, neu dapio traed wrth wrando arnyn nhw. Mae wedi'i
brofi'n barod fod arddull unigryw Bryan o drefnu caneuon
adnabyddus, yn boblogaidd: caneuon pop, *twist*, gwerin, *polka*
a *waltzes* rhythmig. Mae sawl un yn rhyfeddu at sut mae Bryan
yn gallu cynhyrchu sain mor nerthol o'i organ, ac mae'r CDs i
gyd yn llawn egni o'r dechrau i'r diwedd, ac maen nhw hefyd
yn adlewyrchu'i bersonoliaeth.

Cryfder Bryan yw ei allu i ddewis alawon sy'n ddymunol
i'r glust. Mae hefyd yn medru ailafael mewn hen alawon
poblogaidd, a chreu medli ohonyn nhw gan gynnwys rhythm
modern o'r cyfnod presennol.

CEINWEN JONES, GWRAIG BRYAN

Ar ôl cwrdd â Bryan am y tro cynta, ro'n i'n falch mai Cymro
oedd e. Bydde 'nhad, Wil, ddim yn hapus tasen i wedi dod â
Sais adre, ond fe fuodd y ddau ohonyn nhw'n ffrindie mawr,
heb yr un gair croes rhyngddyn nhw tra fuodd e byw.

Fe gwrddes i â Bryan mewn twmpath dawns yn neuadd
Penrhyn-coch, ond roedd 'na sôn y pryd hynny ei fod yn briod,
felly wnes i ddim llawer o sylw ohono fe. Meinir, fy ffrind
wedodd wrtha i nad oedd e'n briod o gwbwl, ac mai dim ond
rhyw stori oedd yn mynd o gwmpas y lle oedd honno. Dwi'n
ei gofio fe'n dod lawr o'r llwyfan i iste ar 'y mhwys i werthu
tocyn raffl i fi. 'Ti ddim yn mynd i 'nal i mor glou â hynny,
gw'boi!' wedes i wrth 'yn hunan, ond fe roies i mewn iddo
fe cyn diwedd y noson, a phrynu tocyn raffl. Wrth gwrs, fe
gwmpes i mewn i'w drap. Dwi'n credu i ni gael cusan fach tu
ôl i'r llwyfan y nosweth honno. Ac o'r fan honno y dechreuodd
deugain mlynedd o gwmnïaeth hapus iawn. Fe es i gydag e i
dwmpath yn Nolgellau bron yn syth ar ôl i ni gwrdd. Bydden
ni'n mynd mas i dwmpath dawns bob nos Fercher, nos Wener a
nos Sadwrn wedyn, roedd twmpathau'n cael eu cynnal yn amal
ledled Cymru bryd hynny. A phob dydd Sul, bydde Bryan yn
dod lan i gael te prynhawn yn ein cartre ni ym Mhenrhyn-coch.

Fe briodon ni yn haf 1977 llai na thair blynedd ar ôl i
ni gwrdd. Glyn Evans, Cross Inn, ac un o aelodau band y
Gwerinwyr oedd gwas priodas Bryan ac roedd gen i dair o
forynion priodas – nith i fi, Siân Evans o Gomins Coch a dwy
ffrind o Benrhyn-coch, Meinir Jones a Catrin Thomas. Roedd
fy mrawd Aeron yn un o'r *ushers*, ac yn gwmni iddo fe oedd
fy mrawd yng nghyfraith Llew Evans o Gomins Coch, ac Idwal
Jones o Landdeiniol, cefnder i Bryan.

Fel pob cwpwl, ry'n ni'n cwmpo mas ambell waith, a hynny
gan amlaf am nad yw Bryan yn gwrando ac am ei fod e'n
ffwdanus. Mae e'n anniben ofnadwy o gwmpas y tŷ – does
gan bobol ddim syniad. Tasen i ddim yn rhoi pants glân mas i
Bryan bob dydd, newidie fe ddim ohonyn nhw – mae'n rhaid

i fi baratoi bob pilyn ar ei gyfer. A phan mae'n dod i olchi gwallt, yn y sinc mae e'n neud hynny – mae'n hwpo'i ben yn y sinc, yna arllwys jwg o ddŵr dros ei ben nes bod y dŵr yn tasgu i bob man. Dwi'n gwbod pryd ma Bryan wedi bod yn y bathrwm, mae'r stafell yn wlyb diferu.

Un tro, fe fuon ni ar *cruise*, doedden ni ddim wedi bod o'r blaen ond roedden ni wrth ein boddau. Fe landon ni lan efo caban braf, dau wely bync bach, a bathrwm twt â chawod, tŷ bach – a sinc. Doedd dim llawer o le i droi yno. Fe benderfynodd Bryan fod ise golchi'i draed. Wedes i wrtho fe am fynd i gael *shower*. Ond beth wnaeth oedd sefyll yn y gawod, tynnu'r *showerhead* oddi ar ei bostyn, a golchi'i draed gan adael y gweddill ohono'n sych gorcyn. Wedi iddo neud hynny, fe gamodd mas o'r gawod, troi rownd a golchi'i goc yn y sinc. Fydde hi wedi bod yn llawer rhwyddach tase fe wedi cael cawod go iawn a golchi'r cwbwl ar yr un pryd. Dwi'n haeddu mwy na medal am fyw efo Bryan, bydde *bathroom suite* cyfan yn agosach ati. Ond Bryan yw e, a newidia i ddim arno fe bellach.

Ond er yr adegau hynny pan mae Bryan yn hala fi off 'y mhen, ry'n ni hefyd yn chwerthin llawer, ac yn cael lot o sbort, a dwi'n gwbod fy mod i wedi priodi fy ffrind gore. Rydyn ni wedi gweld ein teulu'n tyfu, er i fi ddweud, 'No more,' yn bendant ar ôl geni pob un o'r plant, ond ro'n ni'n meddwl ei fod e'n gwd hobi ar y pryd, siŵr o fod.

Wrth i Bryan fynd allan i chware'r organ, ro'n i'n lwcus iawn i gael mynd gyda fe i'r gwahanol nosweithiau. Bydde fe ddim wedi bod yn bosib oni bai am y *babysitters* oedd efo ni, ac maen nhw'n gwbod pwy ydyn nhw. Fe roion nhw yr holl orie bob un i edrych ar ôl ein plant, tra bo Bryan a fi'n joio mewn nosweithiau o hwyl a chanu, ac mae ein diolch yn fawr i bob un ohonyn nhw.

Roedd Diana, fy mam yng nghyfraith, yn ddynes a hanner. Pan ddaeth y diwrnod i fi a Bryan brynu modrwy ddyweddïo, fe ddywedodd Diana wrtha i, 'Paid â dewis un ddrud nawr, Ceinwen. 'Sdim llawer iawn o arian gan Bryan, cofia.' Roedd hi'n edrych ar ôl ei mab. Ond fuodd 'na'r un gair croes rhyngddon ni erioed, chwaith, a'r unig beth ddaeth rhyngon ni oedd blynyddoedd y *generation gap*, dyna i gyd. Dwi ddim yn credu y bydde Diana wedi gweld yr un fenyw yn siwto Bryan, achos roedd hi am ei gadw iddi hi ei hunan. Fel 'na ro'n i'n teimlo, beth bynnag.

Roedd tad Bryan, Evan, yn ddyn addfwyn a chariadus iawn, a chyn gadael am adre, ro'n i'n cael ambell i gusan fach ganddo ar fy moch … heb i Diana wbod. Mae fy niolch i'n fawr i'r ddau am eu haelioni a'u caredigrwydd wrth ein helpu'n ariannol ar ddechre ein bywyd priodasol, a'n helpu ni i setlo yn ein cartre newydd ym Mronwydd, Llanfarian.

Erwyd Howells, ffrind a galwr twmpath dawns
Wel, dyma beth yw tasg a hanner, ceisio rhoi fy atgofion am Bryan ar bapur – bydde'r cyfan yn ddigon i lenwi'r Beibl nesaf!

Yn Ysgol Dinas, Aberystwyth, y cwrddon ni gyntaf, ac mae'n sicr nad oedd talent fawr Bryan yn cael ei chydnabod yn y lle hwnnw, a chredaf ei fod yntau, fel finnau, yn falch cael 'madael â'r lle. Cawsai ei adnabod fel Ffyrgi ar yr adeg yma, gan ei fod wrth ei fodd yn rhedeg o gwmpas yn dynwared sŵn y tractor enwog.

Roedd yn gyfnod pan oedd byd y twmpath dawns yn

ei anterth, ac un o brif leisiau'r ardal yma oedd y diweddar Henry Davies, Rhyd-tir, Bow Street. Bydde Henry yn galw'n rheolaidd ac yn fuan wedyn fe ddes inne i alw hefyd. Band y Gwerinwyr oedd yn cyfeilio i'r dawnsfeydd mwya ac mi fydda i hyd ddiwedd fy nyddiau'n trysori'r ffaith 'mod i wedi cael byw yn y cyfnod hwnnw. Mae'n rhaid 'mod i wedi neud cannoedd o ffrindie yn y cylch eang a grwydrwyd ar drywydd twmpath – o Aber-porth i Ddolgellau, a Dinas Mawddwy yn enwedig. Byddai rhai yn neud mwy na ffrindie – dyma oedd 'boy meets girl' ar ei ore!

Tawelodd pethe ar ôl i'r band roi'r gore iddi, er fy mod yn neud amryw o dwmpathau efo recordiau. Dyma'r adeg y dechreuodd Bryan a finne gynnal dawnsfeydd efo'n gilydd. Dwi'n cofio'n dda neud dawns mewn priodas yng ngwaelod y sir, ac roedd yn anodd ofnadwy cael y gwesteion i adael cysgod y bar. Wrth lwc, roedd un criw yn barotach na'r lleill i ddawnsio, a'u harweinydd oedd gwraig mewn oed ar bwys ei ffon. Cafwyd noson fythgofiadwy y noson honno, gyda ffon y wraig yn arwain y miri.

Mae un tro arall yn aros yn glir yn fy meddwl, sef twmpath yn Llannon, a finne wedi gwylltio braidd fy mod wedi anghofio dod â'r bag cario ceblau hollbwysig. Wel, mi dwriodd Bryan drwy ei geblau yntau, ac o dipyn i beth, fe ddaeth o hyd i'r rhan fwya o bethe oedd eu hangen arna i. Roedd un weiren ar ôl, a honno â chysylltydd arbennig arni i ffitio'r *amplifier* – ro'n i'n boddi yn ymyl y lan, ond achubodd Bryan y dydd yn sydyn iawn drwy ddod o hyd i'r union beth yng nghanol ei holl drugareddau, sef cysylltydd tegell trydan! Sôn am ryddhad, a diolch i Bryan, fe gawson ni noson hwylus o un a fu mor agos i fod yn un argyfyngus.

Mae'n rhaid i mi hefyd ddiolch i Ceinwen am fy nghynorthwyo i arddangos y dawnsfeydd ar hyd y blynyddoedd. Mae gweld y ddawns yn cael ei pherfformio yn ei neud yn llawer haws i bobol ei deall yn hytrach na gwrando ar gyfarwyddiadau'n unig. Pan fyddwn ni o flaen cynulleidfa ddi-Gymraeg, a Ceinwen a finne wedi dangos dawns, fe fydda i'n dweud, 'Isn't it surprising what you can do with an experienced lady?' Mae gan Ceinwen hefyd ddawn arbennig arall, sef neud pwdin bara. Bydd Bryan a finne'n dod adre'n hwyr weithie ar ôl teithio cryn bellter, a bydd disglaid o bwdin bara yn aros amdanon ni. Does dim rhaid dweud bod hwnnw'n cael angladd parchus bob tro.

Fel un sydd yn wirioneddol hoff o gerddoriaeth ond yn hollol anneallus ynglŷn â'r grefft, mae gennyf barch mawr at dalent Bryan, o gyfeilio i dwmpath, cymanfa a phriodas, at ei hynawsedd mewn angladd. Cofiaf un tro yn arbennig yn neuadd Ciliau Aeron. Roedd yna grŵp o ddawnswyr o'r Almaen ar fin arddangos rhai o'u dawnsfeydd pan ddarganfuwyd yn sydyn eu bod wedi gadael eu CD yn y llety. Fel y gallwch feddwl, roedd hyn yn siom fawr iddynt ond dywedais wrth yr arweinydd am allu Bryan i godi tôn wrth y glust. 'You hum it, he'll play it!' A felly fuodd hi, a Bryan unwaith eto wedi achub y noson. Rwyf wedi mabwysiadu un o ddawnsfeydd yr Almaenwyr erbyn hyn, sef y 'Doubletchka Polka', ac mae llawer o ddawnswyr o'r wlad yma wedi cael hwyl arni erbyn hyn.

Wel, dyma ryw sylwadau annigonol ac anghyflawn am y gwrthrych talentog hwn – Bryan Jones. Cefais lawer o hwyl yn arwain twmpathau yn ei gwmni, rhai ohonyn nhw i griwiau bach ond hwyliog serch hynny, ac eraill lle roedd pobol o dros ddeugain o wledydd y byd o dan yr un to a phawb yn gwerthfawrogi ei ddawn arbennig.

Gobeithio y caf i gwmni Bryan a Ceinwen am flynyddoedd eto i greu diddanwch sydd yn cael ei fwynhau gan rai o bedair oed hyd bedwar ugain.

LISA, MERCH BRYAN, AR RAN Y PLANT I GYD

Does dim dwywaith nad yw Dad wedi cyflawni llawer ar hyd y blynyddoedd, ac mae darllen darnau o'i lyfr, a gwrando am oriau ar ei hanes hudolus wedi profi hynny, yn enwedig i ni ei blant. Fel unrhyw deulu agos iawn, ry'n ni wastad wedi rhannu hanesion am ein bywydau, boed yn straeon doniol am ryw ddigwyddiad, neu sôn am achau'r teulu. 'We're in the know,' fel dywed y Sais.

Ond wrth i Dad drafod ei lyfr, ac ailymweld â digwyddiadau o'i orffennol, daeth dau beth i'm meddwl. Y peth cyntaf oedd yr holl brofiad bywyd mae Dad wedi'i gael; o hanes ei eni, dyddiau'r band, a chwrdd â Mam, i ddatblygu fel diddanwr proffesiynol, bod yn Ffaro i'r ffans a'i anturiaethau gyda BBC Radio Cymru. Mae Dad wir wedi rhoi ei holl egni a'i amser i'r pethe hyn, ac mae'n amlwg ei fod yn mwynhau popeth mae'n ei neud, beth bynnag y bo. Yr ail beth sylwais oedd ein bod ni, ei blant, wedi elwa'n fawr o'i brofiadau, a bod y profiadau yma, rywsut, wedi siapio ein bywydau ni hefyd. Mae yna elfennau o'i bersonoliaeth sy'n cael ei adlewyrchu ynon ni, ni'n blant i Bryan, sdim dowt am hynny, ac rydw i'n siarad ar ran y pedwar ohonon ni. Hoffwn i ddiolch i ti, Dad, am fod yn 'ti'.

Mae 'na ambell beth ynglŷn â phersonoliaeth Dad yr hoffen i eu crybwyll, ond wir, dim ond cyffwrdd fydda i neu fydda i 'ma am byth. Wrth baratoi ysgrifennu'r darn yma ar gyfer y llyfr, roedd raid i mi ymghynghori gyda'r trŵps – Iona, Owain ac Eben – am beth ro'n nhw ise i fi ei gynnwys. Fe ddaethon ni i'r casgliad taw'r peth gore oedd sôn yn fras am yr elfennau amlwg 'ma sydd yn Dad, sydd hefyd yn bresennol ynon ni.

Yn gyntaf, mae'n rhaid sôn am ddisgyblaeth. Roedd Dad wastad yn deg wrth ddisgyblu ni'r plant, er, wrth gofio 'nôl i'r dyddiau cynnar, doedd dim lot y gallen i fod wedi'i neud er mwyn cael row ganddo, gan mai fi oedd y cyw melyn olaf. Fe ddysgais i gan y lleill beth ddylen ni ei neud i gadw Dad yn hapus, a beth i beidio ei neud, er mwyn osgoi'r floedd farwol. Roedd fy chwaer Iona hefyd yn yr un sefyllfa â fi, fel y cyntaf-anedig, gan fod deng mlynedd rhyngddon ni'n dwy, a Iona wastad yn edrych ar fy ôl. Ro'n ni'n cadw mas o'r trwbwl mawr y bydde'r bois yn mynd iddo. Beth fydde hwnnw? Wel, yn ddyddiol, fe fydde'r bois lan lofft rhywle yn dyrnu'i gilydd ar ben y gwelyau. Falle nad oedd rheswm am y clatsio, ond iddyn nhw, doedd dim angen rheswm er mwyn chware reslo. Mae chware'n troi'n chwerw, wrth gwrs, ac ymhen sbelen fach, fe fydde un o'r bois, Eben fel arfer, yn rhedeg lawr y star yn llefen. Fe fydde fe wedyn yn hala Dad lan at y llall, ac fe fydde hwnnw wedyn yn derbyn gwaedd gan Dad fydde'n gadael atsain yn y clustie am oriau wedi hynny.

Un sefyllfa arall fydde'n codi mae'n rhaid sôn amdani yw amser swper. Eto, bydde Iona a fi'n bwyta pob un briwsionyn oddi ar ein platiau, a neud hynny'n dawel heb ffwdan. Ar y llaw arall, bydde'r bois wastad yn creu drygioni wrth godi gwynt neu rechen wrth y bwrdd bwyd, neu siarad yn amheus. Fe fydde hyn yn neud i Dad weiddi ei *catchphrase* mwya poblogaidd, 'MAAAAAS!!' a bydde'n rhaid i'r bois fynd i eistedd ar stepen

y drws tu fas gyda'u platie o fwyd a hynny ym mhob tywydd.
Fydden nhw ddim yn cael dod 'nôl i'r tŷ nes eu bod nhw wedi
gorffen yr hyn oedd ar eu platiau. Dyna fydde'r antics yn ystod
yr wythnos, ond wrth gwrs, os oedd y bois wedi camfihafio
drwy gydol yr wythnos ac wedi codi gwrychyn Dad, bydde'r
ddisgyblaeth ar fore Sul yn fwy llym byth. Fel arfer, bydde
Iona a fi'n eistedd gyda Mam tua chanol yr eglwys, ond bydde
Owain ac Eben yn eistedd wrth ymyl Dad, ym mlaen yr eglwys
gyda'r organ. Dim ond un edrychiad oeraidd gan Dad, a'i
fys pigfain yn pwynto tuag at y bois oedd ei angen er mwyn
trosglwyddo'r neges o rybudd: 'Un smic, a fydd hi off 'ma!'

Chware teg, roedd Dad wastad yn deg gyda ni, ac wrth i
ni dyfu, ry'n ni wedi dod i ddysgu'r pethe allweddol am sut i
ddisgyblu ein plant ein hunain a hefyd sut i hunanddisgyblu.
Dyma sgil sy'n allweddol wrth i ni dyfu lan a mentro i'r byd
mawr, ac ry'n ni'n diolch i Dad am yr addysg hynny ar yr
aelwyd. Fe fydd y waedd farwol 'MAAAAAS!!' 'na'n aros yn
y cof am byth i bob un ohonom. Ond ar ôl i ni ddod i oed, ry'n
ni gyd wedi sylweddoli taw *softie* oedd Dad yn y bôn, ac er y
bytheirio, ei fod e'n waeth ei gyfarth na'i frath.

Hoffen i sôn am rai o nodweddion eraill Dad. Yr elfennau
mwya amlwg yn Dad yw ei greadigrwydd, ei gariad at
gerddoriaeth, a'i hiwmor diddiwedd; ry'n ni'n pedwar yn
cytuno ar hyn, ac mae'r rhain yn amlwg ynon ni hefyd. Mae
pob un ohonon ni'n greadigol yn ein ffordd fach ein hunain.
Fe fuodd Iona'n canu'r piano pan oedd yn ifanc, ac yn hoff
iawn o ddylunio a gwaith crefft. Datblygodd Owain i fod yn
arlunydd a phaentiwr, ac mae'n mwynhau ei waith yn fawr
iawn. Roedd Eben hefyd yn chware'r trwmped yn ifanc, er iddo
golli diddordeb nes ymlaen, ond ei *forte* ef yw'r cyfrifiaduron

a thechnoleg gwybodaeth. Dwi inne hefyd wedi meithrin
yr elfen greadigol wrth astudio a gweithio o fewn y byd
celfyddydol. Ar ôl astudio'r celfyddydau a'r cyfryngau, fe fues
i'n gweithio gyda nifer o gwmnïau amatur a phroffesiynol, yn
canu ac yn actio mewn nifer o sioeau. Mae pob un ohonon ni'n
mwynhau cerddoriaeth, ac wedi chware offeryn rywbryd yn
ein bywydau; Iona a'r piano, Owain a'r gitâr, Eben a'r trwmped,
a finne a'r piano. Er taw dim ond fi sy'n dal i chware offeryn a
chanu'n gyhoeddus, mae pob un ohonom ni'n gwerthfawrogi
cerddoriaeth, ac efallai nad y'n ni'n mwynhau yr un math
o gerddoriaeth â Dad ond mae'n gwerthfawrogiad ni o'r
gelfyddyd wedi'i drosglwyddo i ni gan Dad, heb os nac oni bai.

Ma'n siŵr fod Dad wedi sôn am y sied sy ganddo adre yn
Argoed, y sied lle mae'n cadw'r holl offerynnau. Man a man
iddo gael gwely lan 'na, a falle cegin fach yno, achos mae'r
dyn yn treulio oriau yno, mae'r lle wedi troi'n ail gartre iddo.
Druan â Mam, sy'n gorfod gweiddi nerth ei phen lan i'r sied
bob tro mae bwyd yn barod, neu pan fo rhywun ar y ffôn, a
'BRYYYYYAAAAAAANN!' yw'r floedd gyfarwydd. Ond
Duw a'n helpo os oes rhywun ar y ffôn ise siarad â Dad, a fe
lan yn y sied. Fe fydd 'na weiddi mawr wrth iddo stompian a
phwdu yr holl ffordd i'r tŷ, yn tuchan dan ei anadl. Ond cyn
gynted ag y mae'n cyrraedd y tŷ a chodi'r ffôn, mae'r llais yn
meddalu ac yn llawn cynhesrwydd fel llais colomen, 'Hel-
ôôôô.' Ond well i fi beidio a dweud mwy, neu fi geith y row y
tro hwn.

Mae Malcolm Gladwell yn ei lyfr *Outliers* yn dweud ei
bod yn cymryd tua deng mil o oriau o ymarfer er mwyn
sicrhau meistrolaeth mewn maes. Dyna i chi bedwar deg awr
yr wythnos dros gyfnod o bum mlynedd, ar gyfartaledd. Duw

a wyr faint o oriau mae Dad wedi'u treulio wrth ymarfer ei grefft, ond dwi'n credu'n gryf ei fod wedi pasio'r deg mil ers tro. Erbyn hyn, mae Dad wedi syrthio mewn cariad â'r syniad o ymarfer hyd nes iddo gyrraedd at y pwynt lle nad yw'n dymuno neud fawr o ddim arall heblaw ymarfer. Mae Dad yn ei elfen. Mae Syr Ken Robinson yn ei lyfr *The Element* yn sôn am yr 'elfen', sef y pwynt lle mae talent bersonol ac angerdd personol yn cyfuno. Unwaith y mae person wedi cyrraedd y pwynt hwnnw, dyna pryd mae'n teimlo fwya fel fe ei hunan, yn teimlo y mwya ysbrydoledig, ac yn medru rhoi o'i ore. Does dim amheuaeth nad yw Dad yn ei elfen, ac fe fydd e yno am weddill ei oes.

Y peth olaf ar fy rhestr i o nodweddion allweddol Dad yw ei hiwmor diddiwedd. Mae Dad yn un o'r bobol sbesial 'na sy'n gallu neud i mi grynu mewn ofn, a chwerthin nes fy mod i'n cwmpo i'r llawr mewn dagrau, a hynny o fewn yr un diwrnod. Mae e'n gallu bod yn ddyn seriws tu hwnt ambell waith, ond mewn gwirionedd, dyma'r dyn dwlaf a mwya doniol i fi gwrdd erioed. 'Sdim rhyfedd ein bod ni fel ry'n ni, wir. Dyw Dad byth wedi bod y math o dad sy'n creu'r teimlad o embaras mewn sefyllfaoedd; yn hytrach, ry'n ni ei blant yn mwynhau'r drygioni mae'n ei neud, ac yn ymuno a'i ddwli beth bynnag mae e'n 'i neud a lle bynnag mae e. Ambell dro, mae'r dyn yn waeth na ni. Does dim syndod felly fod y mwyafrif o arwyr Dad yn gomedïwyr – cymeriadau fel Basil Fawlty, Norman Wisdom, Cyril 'Blakey' Blake ar *On The Buses* a Mr Bean, wrth gwrs.

Petawn i'n disgrifio Dad, gan feddwl o ddifri amdano a chan ddefnyddio'r geiriau yn ofalus, fe fydden i'n ei ddisgrifio fel Benjamin Button, sef prif gymeriad stori fer F. Scott Fitzgerald,

'The Curious Case of Benjamin Button'. Nawr, 'sdim angen i chi ddarllen y stori, na chwaith gwylio'r ffilm, ond yn fras, wrth i Benjamin heneiddio, mae'n mynd yn ifancach yn ei ffordd, yn ei ymddygiad a'i bryd a'i wedd bob dydd. Mae'r un peth yn wir am Dad, weden i. Mae'r dyn yn byw ei fywyd bellach fel tase fe'n blentyn, yn mwynhau potsian fan hyn a fan draw, yn mwynhau chwarae ar y swings yn y parc, ac yn mwynhau creu drygioni wrth y bwrdd bwyd! (Dyfalwch pwy sy'n gorfod gwaeddu 'MAAAAAS!!' nawr? Nid Bryan, yn saff i chi.) Yn fwy na dim, mae e'n mwynhau'r chwerthin a'r harmoni sydd rhyngddon ni fel teulu, a falle mai dyna beth sy'n ei gadw fe'n ifanc.

I gloi, ar ran y plant a'r wyrion sy'n meddwl y byd o'n Ffaro bach ni, hoffwn i ddiolch eto i ti, Dad. Diolch am dy ddisgyblaeth, diolch i ti am dy greadigrwydd, diolch i ti am dy gariad at gerddoriaeth a diolch i ti am dy hiwmor diddiwedd. Heb y rhain i gyd, fe fydden ni ar goll hebddot ti.

Falle wir taw Mam sy'n cael gwisgo'r trowsus yn y teulu 'ma, ond Dad yw'r belt sy'n cadw popeth 'da'i gilydd. Neu yn ei achos e, gan nad yw Dad yn berchen ar felt, fe yw'r *safety pin* sydd byth yn torri, waeth beth yw'r straen ar y trowsus!

Epilog

GWEDDI'R CRWYDRYN

Syrthio wna'r cysgodion yn gyflym
Gyda'r nos o'n hamgylch ni,
Ac mae golau'r lloer yn disgyn
Ar y dyffryn tywyll, du;
Ac ymhell o Gymru annwyl,
Oddi wrthyt ti a'th wên,
Rhaid i'm rhagor grwydro'n unig.
Heb dy weld nes yr af yn hen.

Cytgan:
O angylion glân y Nefoedd,
Diogela hi bob awr,
Troedio fyddaf drwy'r blynyddoedd
Lwybrau estron byd mor fawr.
Ond mae breuddwyd bywyd drosodd,
Rhaid o'r diwedd dweud ffarwél –
Calon cariad fydd yn cofio
Gwlad mor hyfryd, merch mor ddel.

Dywed wrthyf fyth pan fyddai
Stormydd bywyd yn d'erbyn di,
A phob gobaith wedi methu –
A feddyliaist amdanaf fi;

Gwyntoedd mawr y nos sy'n rhuo,
Dros y dyffryn, dros y wlad;
Am dragwyddol oes, fy nghariad,
Nis anghofir d'enw mad.

Bryan Jones, 1970

FFYDD YNOT TI

Darfod y mae'r wawr yn dawel
Dros y gorwel acw draw,
Yn y t'wyllwch eto byddaf
Yn ddychrynu'n ofnus iawn –
    Ond rwy'n gwybod
Bod fy Nhad yn gwylio draw.

Cans mi welaf drwy'r tywyllwch
Eto, olau bore wawr,
Yn disgleirio dros y bryniau
Ar brydferthaf ddaear lawr –
    O mor llawen
Rwyf wrth weld yr hyfryd wawr.

Bryan Jones, 1970

(SOL-FFA - 4-PART HARMONY)

CYWAIR **F**

Yr Efyndon: BRYN-YR-YCHAIN
© Bryan Jones 1991

A minor

C

F

Bryn yr Ychain

Bryan Jones.

Voice

Voice

Voice

© Bryan Jones 1991.

Llwyn Eithin, Bethel, Caernarfon, Gwynedd LL55 1AX 01248/670102